100 Briefe Deutsch

für Export und Import

Neubearbeitung von
WOLFGANG MANEKELLER

LANGENSCHEIDT

BERLIN · MÜNCHEN · WIEN · ZÜRICH · NEW YORK

Alle in den Musterbriefen verzeichneten Namen, Anschriften usw. sind fingiert; die darin enthaltenen Warenpreise sind, da sie dauernden Schwankungen unterliegen, nicht als maßgebend anzusehen.

Auflage: 12. 11. 10. 9. 8. | Letzte Zahlen
Jahr: 1999 98 97 96 95 | maßgeblich

© 1983 by Langenscheidt KG, Berlin und München
Druck: Druckhaus Langenscheidt, Berlin-Schöneberg
Printed in Germany / ISBN 3-468-41111-1

Vorwort

In den 70er Jahren haben sich in der deutschen Geschäftskorrespondenz zwei neue Gesichtspunkte ergeben.

Erstens: Durch rationelle Schreibweise und klare, einfache Textanordnung soll der Arbeitsaufwand gesenkt werden; zugleich ist eine einheitliche Briefbildgestaltung anzustreben. Diese Bemühungen haben 1975 zur Neufassung der DIN-Regeln für das Maschinenschreiben geführt.

Zweitens: Es gibt überall intensive Anstrengungen, den umständlichen, unpersönlichen, floskelhaften und oft schwerverständlichen „Kaufmannsstil" früherer Jahre durch ein geschmeidiges, persönlich ansprechendes, natürliches und leichtverständliches Geschäftsdeutsch zu ersetzen. Die Praxis zeigt: Die Stilreform setzt sich durch.

Beiden Veränderungen wird die vorliegende Neufassung dieses Buches gerecht. Beibehalten haben wir den Grundsatz „Aus der Praxis für die Praxis". Typische Geschäftsvorgänge aus den verschiedensten Sparten des Imports und Exports bieten sprachlich, gedanklich und in der äußeren Form wirkliche „Muster".

Um den Inhalt des Bandes auch Ausländern besser verständlich zu machen, hat die Verlagsredaktion allen schwierigeren Ausdrücken die Übersetzung in englischer, französischer und spanischer Sprache hinzugefügt. Sollte trotzdem dem ausländischen Benutzer die Bedeutung des einen oder anderen Ausdruckes entfallen sein, so bitten wir ihn, sich unserer Wörterbücher (große Ausgaben und Taschenwörterbücher) zu bedienen.

Preface

In German business correspondence two new points of view developed in the 70s.

First: by a rational method of writing and by clear and simple text presentation the costs of work are meant to be reduced; at the same time a consistent pattern letter is aspired to. These efforts led to the new version of the DIN regulations for typewriting in 1975.

Second: there are strong efforts everywhere to replace the complicated, impersonal, high-blown, and often confusing "business style" so often used formerly with a flexible, personally appealing, natural, and clear business German. Experience has proven: this style reform is winning out.

Both of these changes suit the purpose of the newly presented version of this book. We hold fast to the basic idea: "Put experience into practice". Typical business practices from the most varied aspects of import and export offer idiomatic and sensible patterns, which meet the requirements of outward in real situations.

To make the contents of the book also easier for foreigners, the publisher has added translations of all difficult expressions in English, French and Spanish. Should the foreign user nevertheless have problems with the meaning of some expression or other, we urge him to make use of our dictionaries (large and pocket editions).

Préface

Au cours des années soixante-dix, deux nouveaux impératifs sont apparus dans la correspondance commerciale allemande.

D'abord, il s'agit de réduire le temps de travail grâce à un style rationnel et à une disposition du texte claire et simple, et uniformiser la présentation des lettres. Ces tendances ont entraîné une modification des «normes techniques de l'industrie allemande» pour la dactylographie.

Ensuite, de toutes parts on observe de sérieux efforts pour remplacer l'allemand commercial d'autrefois, lourd, conventionnel et obscur, par une langue commerciale plus souple, plus naturelle, et donc plus facilement compréhensible. L'expérience montre que cette réforme est en train de s'imposer.

Nous avons tenu compte de ces changements pour la nouvelle édition de ce livre, tout en suivant notre vieux principe: «Mettre l'expérience en pratique». Des exemples-types d'opérations commerciales de toutes les branches de l'import-export offrent des modèles aussi bien pour la forme que pour le fond.

Pour faciliter l'utilisation de cet ouvrage par nos lecteurs étrangers, notre équipe rédactionnelle a joint aux expressions et mots difficiles la traduction en anglais, français, italien et espagnol. Si, malgré tout, le sens d'une expression leur échappait, nous les prions de bien vouloir se reporter à nos grands dictionnaires ou à nos éditions de poche.

Introducción

En los años 70, se hicieron notar en la correspondencia comercial alemana dos nuevos aspectos.

Primero: Mediante una forma racional de escribir y la clara, sencilla disposición del texto, debe reducirse el trabajo; paralelamente, se tiende a unificar la estructura de las cartas. Estas tendencias motivaron en 1975 la revisión de las reglas DIN concernientes a la mecanografía.

Segundo: En todas partes se observa un movimiento encaminado a remplazar el embarazoso, impersonal «estilo comercial» de antaño, exuberante de florituras y a las veces difícil de entender, por un lenguaje fluido, más personal, natural y fácilmente comprensible. La praxis muestra que esta reforma estilística se va imponiendo.

En la presente edición totalmente remozada, se ha procurado tener en cuenta ambas tendencias. Hemos mantenido el tradicional principio «De la práctica para la práctica». Típicos procesos de operaciones comerciales de los ramos más diversos de la importación y la exportación ofrecen auténticos «modelos» en los aspectos lingüístico, conceptual, así como en la forma externa.

Con el fin de hacer más comprensible el contenido del presente volumen también a los extranjeros, la redacción editorial ha añadido la traducción inglesa, francesa y española de todos los términos difíciles. Dado que, a pesar de esto, algún usuario extranjero tuviera dificultades para dar con el significado de alguna expresión, le rogamos que se sirva de nuestros diccionarios (ediciones manuales y de bolsillo).

Inhaltsverzeichnis

Die äußere Form des deutschen Geschäftsbriefs

Für die deutsche Geschäftskorrespondenz gelten die „Regeln für Maschinenschreiben" (DIN 5008), erarbeitet vom Fachnormenausschuß Bürowesen im DIN Deutschen Institut für Normung e. V.

Diese Regeln sind von Zeit zu Zeit überarbeitet worden. Die letzte Überarbeitung war sehr umfangreich; dabei wurde vor allem der Grundsatz rationeller Gestaltung berücksichtigt. Denn bei überall steigenden Kosten, insbesondere Personalkosten, gilt mehr denn je: Zeit ist Geld.

Nach den DIN-Regeln wird in allen Schulen gelehrt und gelernt. Aber längst nicht in allen deutschen Unternehmen werden die Regeln konsequent befolgt. Das Ergebnis: Unrationelles Arbeiten und ein uneinheitliches „Gesicht" der Korrespondenz.

In einem Untersuchungsbericht wurde festgestellt, daß allein durch rationale, regelgerechte Gestaltung des Geschäftsbriefs rund 25 % Aufwand erspart werden kann.

1. Briefblatt-Formate
Briefblatt DIN A4 = 210 x 297 mm
Halbbriefblatt DIN A5 = 148 x 210 mm
Postkarte DIN A6 = 105 x 148 mm

In vielen Firmen ist es üblich geworden, nur noch das DIN-A4-Blatt zu verwenden. Deshalb gehen wir im folgenden auch immer von diesem Format aus.

2. Briefkopf
Nach den DIN-Richtlinien gibt es einen schmalen Briefkopf (Höhe: 27 mm) und einen breiten Briefkopf (Höhe: 45 mm). In diesem Feld kann der Briefkopf frei gestaltet werden. Darunter folgt das Feld für die Absenderangaben (Höhe: 5 mm), darunter das Anschriftfeld.

äußere Form f form; présentation; presentación
Geschäftsbrief m business letter; lettre commerciale; carta comercial
Geschäftskorrespondenz f business correspondence; correspondance commerciale; correspondencia comercial
gelten be effective; signifier; valer
Regel f rule; règle; regla
Maschinenschreiben n typewriting; dactylographie; mecanografía
rationell efficient; rationnel; eficiente
Gestaltung f form; forme; formación
„Gesicht" n "face"; „visage", apparence; apariencia, aspecto
Untersuchungsbericht m examination report; rapport d'enquête; informe de investigación
regelgerecht according to the rules; réglementaire; reglamentario
Aufwand m expenditure, cost; frais; gastos
ersparen save; économiser; ahorrar

Format n format, size; format; tamaño, formato
Briefblatt n DIN A 4 sheet of (business) stationery; German standard size; feuille in-quarto; pliego, tamaño normal
Halbbriefblatt n half-size; feuille in-octavo; medio tamaño

Briefkopf m letter-head; en-tête; membrete
Richtlinien f/pl instructions; directives; directivas
Absenderangabe f return address; expéditeur; remitente
Anschriftfeld n address field; adresse; dirección

9

3. Anschrift

Die Anschrift kann höchstens 9 Zeilen umfassen, denn 9 Zeilen (+ Absenderangaben) passen in das Fenster der genormten Fensterbriefhüllen. Fensterbriefhüllen haben einen Vorteil: Die Anschrift braucht nur einmal geschrieben zu werden. Hier einige Anschriftbeispiele (jeder Punkt = eine Zeile):

Zeile f line; ligne; línea
Anschrift f address; adresse; dirección
Fensterbriefhülle f window (panel) envelope; enveloppe à fenêtre; sobre con ventana

Punkt m period; point; punto

.

.

```
Herrn
Richard Müller
Versandgeschäft
Maybachstraße 14
```
.
```
D-58089 Hagen
```
.

Versandgeschäft n mailorderbusiness;commerce d'expédition; ventas por correspondencia

Viele schreiben auch „Herrn" und den Namen in dieselbe Zeile. Das kann bei langen Anschriften wichtig sein; man spart eine Zeile.

Warum bleiben die ersten beiden Zeilen des Anschriftfeldes frei? Sie sind für besondere Vermerke vorgesehen. Beispiel:

besonderer Vermerk special note; mention, indication supplémentaire; nota suplementaria

```
Luftpost
```
.
```
Möbelfabrik
Robert Holz & Co.
Görlitzer Straße 45
```
.
```
D-10997 Berlin
```
.

.

Möbelfabrik f furniture factory; fabrique de meubles; fábrica de muebles

Wenn ein besonderer Vermerk gebraucht wird und der Platz eng wird, darf auch so geschrieben werden:

```
Einschreiben
„Perkeo"
Werkzeugmaschinen
Herrn Fritz Lange
Abteilung
Aus- und Weiterbildung
Postfach 2 45
.
D-56527 Solingen
```

Auslandsanschriften

Auch in vielen anderen Ländern kennt man Postleitzahlen. Mit einigen ist vereinbart, daß statt des Landesnamens einfach das Kfz-Nationalitätszeichen mit Bindestrich vor die Postleitzahl gesetzt wird. Beispiel:

```
.
.
Zigarren-Spezialgeschäft
Franz Baeren
Münsterplatz
.
CH-3000 Bern
.
.
```

Länder, mit denen es keine solche Vereinbarung gibt, müssen mit ihrem Namen mit einer Zeile Abstand unter dem Bestimmungsort genannt werden. Beispiel:

```
.
.
Mevr. Yvonne de Jong
117, Keizersgracht
.
1016 ED Amsterdam
.
Niederlande
.
```

Einschreiben n registered; recommandé; certificado
Werkzeugmaschine f machine tool; machine-outil; máquina-herramienta
Abteilung f department; service; departamento
Aus- und Weiterbildung f training and development; formation continue; formación y perfeccionamiento
Postfach n post-office box; boîte postale; apartado

Auslandsanschrift f foreign address; adresse à l'étranger; dirección en el extranjero
Postleitzahl f postal area number; code postal; código postal
vereinbaren agree; convenir de; convenir
Kfz.-Nationalitätszeichen n international car registration; plaque de nationalité; placa de nacionalidad
Bindestrich m hyphen; trait d'union; guión
Spezialgeschäft n special shop, special store(Am.); magasin spécialisé; tienda especializada en

Bestimmungsort m (place of) destination; lieu de destination; lugar de destino

11

Und noch eine Besonderheit: Bezeichnungen der Sendungsart und gewünschte Sonderdienste müssen (in der ersten Zeile der Anschrift) entweder in deutscher und französischer Sprache oder in deutscher und einer anderen im Bestimmungsland bekannten Sprache angegeben werden. Beispiele:

```
Drucksache  - Imprimé
Rückschein  - Avis de réception.
```

4. Zeilengestaltung

Alle Zeilen eines Briefes, ausgenommen Einrückungen, beginnen auf Grad 10 der Schreibmaschinenskala und enden bei Grad 75. Dies gilt für normal große Schreibmaschinenschriften (10er Schriften, zum Beispiel: Pica). Für kleinere Schriften (12er Schriften, zum Beispiel: Elite) gelten Grad 12 (Anfang) und Grad 90 (Ende). Für den rechten Rand ist eine Toleranz von 5 Anschlägen vorgesehen.

Eingerückte Zeilen beginnen immer bei Grad 20 (bzw. 24). Die Endstellen dieser Zeilen sind dieselben wie bei den nicht eingerückten Zeilen.

In diesem Buch sind die Zeilen wegen der Randvokabeln kürzer gestaltet, und eingerückt wird statt um 10 Anschläge nur um 3 Anschläge.

5. Bezugszeichen

Die meisten Firmen haben eine gedruckte Zeile mit Bezugszeichen-Leitwörtern, in der Regel:

Ihre Zeichen   Ihre Nachricht vom
Unsere Zeichen   Unsere Nachricht vom
Telefonnummer
Absendeort (darunter: Datum)

Allerdings haben auch zahlreiche Unternehmen diese gedruckte Zeile abgeschafft. Sie setzen das Briefdatum und die eigenen Diktatzeichen oben rechts in den freien Raum neben die Anschrift und die Daten des Briefpartners als zweite Zeile unter die Stichwortzeile (s. Muster auf Seite 153 ff.).

So machen wir es auch in diesem Buch, nur daß wir zusätzlich die Diktatzeichen (Zeichen des Dik-

---

Sendungsart f type of mailing; envoi; modo del envío
Sonderdienst m special service; service supplémentaire; servicio especial
Bestimmungsland n country of destination; pays de destination; país de destino
Drucksache f printed matter; imprimé; impreso
Rückschein m advice of delivery; avis de réception; acuse de recibo
Einrückung f indent; alinéa; sangrado
Schreibmaschinenskala f typewriter scale; réglette graduée; escala en la máquina de escribir
Grad m degree; division, graduation, degré; grado
Rand m margin; marge; margen
Anschlag m stroke; frappe; tope

Endstelle f end; fin de ligne; terminación

Bezugszeichen n reference mark; référence; referencia
Leitwort n guide word; mot-guide; palabra guía (od. indicador)
Ihre Zeichen your reference; vos références; sus referencias
Ihre Nachricht your message; votre lettre; su carta
Absendeort m place of dispatch; lieu; lugar de expedición

Diktatzeichen n reference sign; références; referencia

tierenden, Zeichen der Schreiberin) weglassen; sie richten sich immer nach firmeninternen Festlegungen.

Der Wegfall der gedruckten Bezugszeichenzeile hat den Vorteil: Die erste Seite kann auch als Folgeseite verwandt werden, weil der Raum für den Brieftext nicht durch die gedruckte Zeile unterbrochen wird.

Diktierender m person dictating the letter; personne qui a dicté la lettre; persona que dicta la carta
firmenintern inner company; interne; interno

6. Betreff

Früher schrieb man vor die Betreffzeile „Betrifft" oder „Betreff" oder, abgekürzt, „Betr.:". Diese Wörter und die folgende Stichwortzeile wurden unterstrichen.

Betreff m reference line; objet; asunto, referencia

Heute läßt man das Wort „Betreff" weg (es sei denn, es ist vorgedruckt), und die Zeile wird auch nicht mehr unterstrichen.

7. Anrede

Die Anrede folgt im Abstand von zwei Leerzeilen auf die Betreffzeile. Sie lautet, wenn kein Name bekannt ist:

Anrede f salutation; appel; encabezamiento
Leerzeile f blank line; ligne blanche; renglón blanco

```
Sehr geehrte Damen und Herren,
```

Die Anrede

```
Sehr geehrte Herren,
```

nimmt man nur noch, wenn man mit Sicherheit weiß, daß die leitenden Mitarbeiter oder die Sachbearbeiter auf der anderen Seite ausschließlich Männer sind.

leitender Mitarbeiter executive; cadre supérieur; dirigente, director
Sachbearbeiter m competent clerk; adjoint administratif; empleado competente, experto

Falls ein Name bekannt ist, wird die persönliche Anrede vorgezogen:

```
Sehr geehrte Frau Weber,
Sehr geehrter Herr Meier,
```

Die Anrede wird durch ein Komma abgeschlossen; das früher übliche Ausrufezeichen wird kaum noch verwandt.

Komma n comma; virgule; coma
Ausrufezeichen n exclamation mark; point d'exclamation; signo de admiración

8. Brieftext

Die Zeilenlängen haben wir schon besprochen. Zwischen Anrede und Text, zwischen Text und Grußformel, zwischen Grußformel und Firmennamen steht je eine Leerzeile. Auch alle Absätze werden durch eine Leerzeile gebildet.

Brieftext m body of the letter; corps de la lettre; cuerpo de la carta
Grußformel f complimentary close; formule de politesse; fórmula de cortesía
Absatz m paragraph; paragraphe; párrafo

9. Anlagen- und Verteilvermerke

Anlagen- und Verteilvermerke stehen 3 Zeilen unter der letzten Zeile der Grußformel oder neben der Grußformel, beginnend auf Grad 50 (10er Schrift) oder 60 (12er Schrift). Die Wörter „Anlage" und „Verteiler", oft auch mit folgendem Doppelpunkt geschrieben, dürfen unterstrichen werden.

Anlage f enclosure; pièces jointes; anexo
Verteiler m distribution list; liste des destinataires; repartición de copias
Vermerk m note; remarque; nota
Doppelpunkt m colon; deux points; dos puntos

10. Das Datum

Das Datum wird heute immer 8stellig geschrieben: 6 Ziffern, 2 Punkte. Also:

Datum n date; date; fecha

12.06.00

Das heißt: Wenn notwendig, durch Nullen aufgefüllt. Es darf auch geschrieben werden:

12.06.19..
12. Juni 19..

Wenn „19" eingefügt wird, dann soll dies aber immer geschehen, so daß die Datumsangaben wiederum stets gleich lang sind. Das Ausschreiben des Monatsnamens wird in Briefen bevorzugt, die persönlichen Charakter haben, zum Beispiel Glückwunsch- oder Beileidsbriefe.

Glückwunschbrief m congratulatory letter; lettre de félicitations; carta de felicitación
Beileidsbrief m letter of condolence; lettre de condoléances; carta de pésame

Die einfachste Schreibweise von Absendeort + Datum:

Köln, 12.06.00

11. DM-Beträge

Die Währungseinheit „DM" darf sowohl vor als auch hinter die Zahl gesetzt werden. Pfennigbeträge werden durch Komma abgegrenzt. Wenn keine anzugeben sind, steht statt dessen entweder „00" oder „--", oder — die einfachste Lösung — sie werden ganz weggelassen:

Betrag m amount; montant; importe

Das gilt sinngemäß auch für *österreichische Schilling* (S) und *Groschen* (g) sowie für *Schweizer Franken* (sfr; in der Schweiz sFr.) und *Rappen* (Rp.).

14

```
50,40 DM / DM 50,40
50,00 DM / DM 50,--
50 DM / DM 50
```

Das Dahintersetzen von „DM" hat schreibtechnische Vorteile (beim Ansagen von DM-Kolonnen!).

12. Hervorhebungen im Brieftext
Zur Verfügung stehen folgende Mittel:

```
Unterstreichen!
S p e r r e n !
Mit GROSSBUCHSTABEN schreiben!
Einrücken!
```

13. Folgeseiten
Es ist üblich, die 2., 3., 4. Seite usw. auf der 1., 2., 3. Seite usw. anzukündigen. Früher geschah dies durch die Angabe der nächsten Seitenzahl, heute nur noch durch drei Punkte. Die Punkte sollen mit einer Leerzeile Abstand unter dem Text stehen, beginnend bei Grad 70 (bzw. 84). Da dies nur eine Empfehlung ist, schreiben viele die drei Punkte auch, wie alles andere, linksbündig.

Die Folgeseite bekommt eine Seitenzahl, beginnend bei Grad 40 (bzw. 48). Schreibweise:

```
- 2 -
```

Viele schreiben die Seitenzahl ebenfalls linksbündig. Das ist vor allem dann günstig, wenn man anschließend den Empfängernamen oder den Betreff wiederholen will. Setzt man die Seitenzahl in die Mitte, muß man solche Wiederholungen mit einer Leerzeile Abstand darunterschreiben.

14. Grußformel
Die heute üblichen Grußformeln sind:

```
Mit freundlichem Gruß
Mit freundlichen Grüssen
Freundliche Grüße
```

„Hochachtungsvoll" wird meistens nur noch verwandt, wenn das „Klima" stark abgekühlt ist.

Kolonne f column; colonne; columna

Hervorhebung f things to be emphasized; faire ressortir certains éléments; cosas que se ponen de relieve
unterstreichen underline; souligner; subrayar
sperren space; espacer; espaciar
Großbuchstabe m capital (letter); (lettre) majuscule; (letra) mayúscula
einrücken indent; écrire en retrait; sangrar
Folgeseite f next page; page suivante; página siguiente
Abstand m spacing, distance; espace; espacio
Empfehlung f recommendation; recommandation; recomendación
linksbündig to the left; à gauche; enrasado a la izquierda
Seitenzahl f page-number; numéro de page; número da la página

Empfänger m receiver, addressee; destinataire; destinatario

Grußformel f complimentary close; formule de politesse; fórmula de cortesía

„Klima" n atmosphere; relations, atmosphère; ambiente

15

Der Briefstil

Schon Goethe hat sich für einen einfachen, natürlichen Briefstil ausgesprochen. Aber dieser Stil ist erst Ende der 60er Jahre zum anerkannten Prinzip geworden, und ganz durchgesetzt hat er sich immer noch nicht. Viele deutsche Firmen schleppen nach wie vor veraltete, umständliche Floskeln mit sich herum. Sie verkaufen moderne Produkte, schreiben aber wie vor fünfzig Jahren. Immer häufiger aber werden nichtssagende Redensarten des alten Kaufmannsstils belächelt, und mehr und mehr Firmen veranstalten für ihre Mitarbeiter Seminare, in denen der neue Stil vorgestellt, begründet und geübt wird.

Briefstil m style of a letter; style épistolaire; estilo epistolar

Floskel f empty phrase, meaningless word; formule toute faite; flor retórica
nichtssagend empty; vide de sens; trivial

Der Unterschied an einem kleinen Beispiel dargestellt:

— Da die genannten Berichte nur einen kurzen informatorischen Charakter besitzen sollen, können, bedingt durch die Kürze der notwendigen Abhandlungen, keine ausführlich detaillierten Angaben erfolgen.

Bericht m report; rapport; informe

Abhandlung f treatise; compte-rendu; tratado
Angabe f detail, statement; renseignement; dato, detalle

— Da diese Berichte nur kurz informieren sollen, können sie keine ausführlichen Angaben enthalten.

Diese Stilreform in der deutschen Geschäftskorrespondenz wurde entscheidend von Horst B. Bunje, Wolfgang Manekeller und Edith Hallwass entwickelt und durchgesetzt. In den folgenden Kurzhinweisen folgen wir dem Duden-Taschenbuch „Wie formuliert man im Büro?" und dem Humboldt-Taschenbuch „So schreibt man Geschäftsbriefe!" von W. Manekeller.

Stilreform f reform of style; réforme du style; reforma del estilo

Inhalt

Die wichtigste Bedingung für einen guten Brief: Die Aussagen müssen stimmen; die Gedankenführung muß schlüssig sein; der Text muß genau das ausdrücken, was der Verfasser beabsichtigt hat. Beispiel:

Inhalt m contents; contenu; contenido
Aussage f statement; déclaration; declaración
Gedankenführung f (chain of) reasoning; raisonnement; razonamiento
schlüssig conclusive; logique; lógico

- Diese Beträge sind anrechenbar.

Das bedeutet:

- Diese Beträge können angerechnet werden.

Gemeint hat der Schreiber:

- Diese Beträge werden angerechnet.

Ungenaue Ausdrucksweisen führen zu Mißverständnissen, Rückfragen, manchmal zu Geschäftsverlusten.

Ausdrucksweise f way of expressing oneself; mode d'expression; manera de expresarse
Mißverständnis n misunderstanding; malentendu; malentendido
Rückfrage f enquiry, inquiry; question; nueva demanda

Darstellung

Der Text muß leicht zu verstehen sein. Beispiel:

- Die anfänglichen Verfahren waren belastet mit mangelhafter diagnostischer Verwertbarkeit infolge des chemischen und kontrastgebenden Verhaltens der Präparate sowie deren Unverträglichkeit und auftretenden Nebenerscheinungen.

Darstellung f representation; exposition; presentación
Verfahren n procedure; procédé; procedimiento

Nebenerscheinung f side effect; effet secondaire; efecto secundario

Verständlich ausgedrückt:

- Die Verfahren ließen sich anfangs diagnostisch nur mangelhaft verwerten: Die Präparate reagierten chemisch ungünstig, zeigten schlechte Kontraste, waren unverträglich und führten zu Nebenwirkungen.

Der Text muß normgerecht sein. Das heißt: Er muß grammatisch in Ordnung sein. Zeichensetzung und Rechtschreibung müssen stimmen.

Der Text muß den Leser positiv ansprechen. Das heißt vor allem: 1. Unangenehme Situationen und negative Mitteilungen erträglich machen! 2. In natürlichem Deutsch und nicht im „Papierstil" schreiben! Beispiel:

normgerecht conforming to the standard; conforme aux normes; de acuerdo con las normas
Zeichensetzung f punctuation; ponctuation; puntuación
Rechtschreibung f orthography; orthographe; ortografía
Papierstil m stilted language; style bureaucratique; estilo artificial

17

– Unter höflicher Bezugnahme auf
das am 30. des Monats mit Ihrem
Büro geführte Telefonat war der
o. g. Bericht aus unerklärlichen
Gründen noch nicht erstellt und
sollte uns sogleich übermittelt
werden. Wir sind aufs höchste er-
staunt, daß wir bis zum gegenwärtigen Zeitpunkt noch immer keinerlei Nachricht von Ihnen vor-
liegen haben, und möchten Sie
nunmehr dringendst bitten, um be-
vorzugte Auftragserledigung be-
müht zu bleiben. Ihrer umgehenden
Nachricht entgegensehend, ver-
bleiben wir ...

Bezugnahme f reference;
référence; referencia

Auftragserledigung f order
filling, filling of orders;
exécution; ejecución del
pedido

– Am 30. Oktober hat uns Ihre Frau
Krüger telefonisch zugesagt, daß
Sie den Bericht gleich abschicken
würden. Wir haben ihn noch nicht
erhalten, brauchen ihn aber dringend. Können wir bis zum Wochen-
ende damit rechnen? Danke.

Aufwand
Der Text muß ein günstiges Verhältnis zwischen
Informations- und Textmenge aufweisen. Jede
Briefzeile kostet in der Bundesrepublik Deutsch-
land 1 DM bis 1,50 DM. Aufwand, der weder dem
Schreiber noch dem Empfänger nützt, ist unbe-
dingt zu vermeiden. Beispiel:

Aufwand m expenditure;
travail (effectué); gastos
Textmenge f amount of
text; longueur du texte;
cantidad de texto

– Wir teilen Ihnen hierdurch höf-
lich mit, daß gemäß Ihrem obigen
Schreiben vom 24. des Monats eine
entsprechende Gutschrift über
den Betrag in Höhe von 87,50 DM
von uns für Sie gefertigt worden
ist.

Gutschrift f credit item;
écriture au crédit; abono,
crédito

In vernünftigem Deutsch heißt das:

– Wir haben Ihnen 87,50 DM gutge-
schrieben.

gutschreiben credit; porter
au crédit; abonar, acre-
ditar

18

Daß der Schreiber etwas mitteilen möchte, merkt der Empfänger schon, wenn er einen Brief erhält. Mitzuteilen, daß man etwas mitteilen möchte, ist sinnlos. Überflüssig ist ebenso der Hinweis auf das „obige Schreiben vom 24. des Monats", denn dieser Brief ist ja in der Betreffzeile genannt. Der Empfänger soll, bevor er den Kerntext zu lesen beginnt, schon wissen, worauf sich der Schreiber bezieht. Wenn ein Betrag angegeben wird, ist es unnötig „den Betrag in Höhe von" zu schreiben. Eine Gutschrift fertigen? Papierdeutsch. Man kann auch gutschreiben.

Genauso überflüssig wie die Wiederholung von Teilen der Betreffzeile ist, in der Regel, die Wiederholung von Informationen, die einer der Korrespondenzpartner gerade schriftlich gegeben hat. Auch dazu ein Beispiel:

— Wir bestätigen dankend den Erhalt Ihres Schreibens vom 21. d. Mts., aus dem wir entnehmen konnten, daß es Ihnen nicht möglich ist, die Partie X 32 zum Stückpreis von 4,80 DM in Ihrem Gebiet abzusetzen, da die Konkurrenz hier mit Kampfpreisen operiert.

Partie f lot, parcel; lot; lote
Stückpreis m price per unit; prix unitaire; precio por unidad

Kampfpreis m competitive (od. cut-rate) price; prix cassé; precio de competencia

Fast alles, was in dieser Briefeinleitung gesagt wird, ist bekannt. Es genügt statt dessen:

— Vielen Dank für Ihre Mitteilung.

(Das Datum der Mitteilung steht im Betreff.)

Die Wiederholung von Partnerinformationen ist nur in einigen wenigen Fällen sinnvoll.

1. Der Partner hat sich an einer Stelle seines Briefes unklar ausgedrückt. Durch die Wiederholung dieser Information mit eigenen Worten kann man zugleich eine Klärung erreichen. Der andere weiß dann, wie man seine Aussage aufgefaßt hat.

2. Man korrespondiert mit einem Privatkunden, der selbst mit der Hand geschrieben hat. Nicht jeder macht einen Durchschlag, nicht jeder hebt einen Durchschlag auch geordnet auf. Hier kann die Wiederholung einer wichtigen Aussage nützlich sein.

Durchschlag m copy; copie; copia

3. Man bezieht sich auf ein Telegramm oder gar ein Telefongespräch. Im einen Fall kann etwas verstümmelt ankommen, im anderen Fall liegt nichts Schriftliches vor. In beiden Fällen ist eine Informationswiederholung sinnvoll.

Telegramm n telegram; télégramme; telegrama *verstümmelt* mutilated; déformé; deformado, mutilado

4. In einem Bewerbungsbrief mag es gelegentlich gut sein, am Anfang in knapper Form die Anforderungen aus einem Stellenangebot zu wiederholen, damit der Inserent merkt: Der hat genau aufgepaßt und geht auf alle meine Wünsche ein.

Bewerbungsbrief m (letter of) application; lettre de demande d'emploi, candidature; solicitud de empleo
Stellenangebot n position offered, vacancy; offre d'emploi; oferta de colocación, empleo
Inserent m advertiser; annonceur; annunciante

Und wie steht es eigentlich mit dem oft zitierten Kaufmannsdeutsch? Gewiß, der Kaufmann braucht seine Fachausdrücke. Eine Sondersprache aber braucht er nicht. Er kann sich, wie jeder andere, klar und einfach ausdrücken. Und natürlich. Nur dann wirken seine Briefe ansprechend und überzeugend.

Kaufmannsdeutsch n business German; allemand commercial; alemán comercial
Sondersprache f jargon; jargon; jerga

20

1. Anforderung von Preislisten und Mustern

Luftpost   La Paz, 12.10...

Mystikum GmbH
Parfums & Feinseifen
Kaiserstraße 35

D-60329 Frankfurt

Zusammenarbeit

Sehr geehrte Damen und Herren,

wir haben erfahren, daß Sie in letzter Zeit eine Reihe neuer Erzeugnisse auf den Markt gebracht haben, und wir können uns vorstellen, daß eine Geschäftsverbindung zwischen Ihnen und uns für beide Seiten vorteilhaft wäre.

Als ein Unternehmen, das seit vierzig Jahren auf kosmetische Erzeugnisse spezialisiert ist, könnten wir auch Ihre Produkte in beträchtlichem Umfang absetzen.

Wir zahlen bar und erwarten dafür von unseren Lieferanten einwandfreie Qualität und günstige Preise, so daß wir mit den bekannten Weltmarken konkurrieren können.

Sind Sie an einer langfristigen Zusammenarbeit interessiert? Bitte schicken Sie uns eine Musterkollektion und Ihre Preisliste. Danke.

Mit freundlichem Gruß

Kruse & Méndez
Kosmetische Erzeugnisse

Luftpost f air mail; par avion; por avión, vía aérea

Feinseife f toilet (od. fancy) soap; savonnette; jabón de tocador

Zusammenarbeit f collaboration; collaboration; colaboración

neues Erzeugnis new product; nouveau produit; producto nuevo
auf den Markt bringen place on the market; lancer sur le marché; lanzar al mercado
Geschäftsverbindung f business relations; relations commerciales; relaciones comerciales

kosmetisches Erzeugnis cosmetic product; produit de beauté; producto cosmético

bar zahlen pay cash; payer comptant; pagar al contado
einwandfreie Qualität perfect quality; qualité excellente; calidad superior
günstiger Preis favo(u)rable price; prix étudié; precio bajo
Weltmarke f brand (od. article) of world renown; grande marque; marca mundial
Musterkollektion f sample collection; collection d'échantillons; muestrario
Preisliste f price-list; prix-courant; lista de precios

2. Übersendung einer Preisliste

03.11...

Kruse & Méndez
Kosmetische Erzeugnisse
Casilla 234

La Paz

Bolivien

Angebot

Angebot *n* offer; offre; oferta

Sehr geehrte Damen und Herren,

wir danken Ihnen für Ihre Anfrage und senden Ihnen hiermit unsere Preisliste; die Musterkollektion erhalten Sie gesondert als Frachtgut.

Anfrage f enquiry; demande; demanda

gesondert separate; séparé; por separado
Frachtgut n goods, freight; marchandise en petite vitesse; géneros por pequeña velocidad

Bitte beachten Sie besonders unsere neueste Parfumschöpfung

„Remous",

die sich schon viel Sympathie in aller Welt erworben hat.

Unsere Preise sind, wie Sie sehen, den Konkurrenzpreisen angepaßt, bei hervorragender Qualität.

Konkurrenzpreis m competitive price; prix de la concurrence; precio de competencia
Sonderrabatt m extra discount; rabais spécial; descuento especial

Um Ihnen den Beginn dieses neuen Geschäfts zu erleichtern, räumen wir Ihnen

Listenpreis m list price; prix de vente; precio de lista
Jahresumsatz m annual turnover; chiffre d'affaires annuel; ventas anuales

5 % Sonderrabatt

übersteigen exceed; excéder; exceder

auf unsere Listenpreise ein. Wenn Ihr Jahresumsatz 5 000 DM übersteigt, erhalten Sie einen zusätzlichen Mengenrabatt von 3 %.

zusätzlich additional; additionnel; adicional
Mengenrabatt m quantity rebate discount; remise de quantité; descuento por cantidades

22

Wir freuen uns auf Ihren ersten Auftrag. Sie werden mit unserer schnellen und sorgfältigen Ausführung zufrieden sein.

Mit freundlichen Grüßen

Mystikum GmbH
Parfums & Feinseifen

Anlage:
Preisliste

3. Freibleibendes Angebot

Bremen, 01.11...

Société Anonyme
des Tanneries
de la Campine
46, rue Leys

B-2000 Antwerpen 1

Ihre Anfrage vom 30.10...

Sehr geehrte Damen und Herren,

wir danken Ihnen für Ihre Anfrage und bieten Ihnen an — Zwischenverkauf vorbehalten:

ca. 1 000 gesalzene Kuhhäute, „frigoríficos", aus Buenos Aires. Das Durchschnittsabladegewicht beträgt 18 bis 20 kg; Schlachtzeit: Mai/Juni.

Preis: 80 Dollarcents (US) je kg.

Das Ladegewicht versteht sich ohne Franchise, freundschaftliche Hamburger Arbitrage, cif Antwerpen,

Auftrag m order; ordre; orden, pedido
Ausführung f execution; exécution; ejecución

freibleibendes Angebot offer without engagement; offre sans engagement; oferta sin compromiso
Anfrage f enquiry; demande; demanda
Zwischenverkauf vorbehalten subject to prior sale; sauf vente intermédiaire; salvo venta intermediaria
Kuhhäute f/pl. cowhides; peaux de vaches; pieles de vacas
frigoríficos (span.) trade mark of frozen meat; marque de commerce pour viande frigorifiée; marca comercial para carne congelada
Durchschnittsabladegewicht n average shipping-weight; poids d'embarquement moyen; peso de embarque medio
Schlachtzeit f killing-time; date d'abattage; tiempo de matanza
Ladegewicht n shipping-weight; poids de chargement; peso de carga
Franchise f franchise; franchise; franquicia
Arbitrage f arbitrage; arbitrage; arbitraje

zahlbar durch Annahme unserer 3-Mo-
nats-Dokumentar-Tratte.

Die Ware trifft etwa am 20.11... mit
dem Schiff „Monte Caballo" in Bremen
ein.

Sind Sie an diesem Posten interessiert? Bitte verständigen Sie uns
telegrafisch.

Freundliche Grüße

Gerth & Co.

zahlbar durch Annahme unserer 3-Monats-Doku-mentar-Tratte payable by accepting our 3-months documentary bill; payable par acceptation de notre traite documentaire de 3 mois; pagadero aceptando nuestra letra documentaria de tres meses
telegrafisch by telex; par télégramme; por telégrafo

4. Bestätigung eines Angebots

Bremen, 04.11...

Société Anonyme
des Tanneries
de la Campine
46, rue Leys

B-2000 Antwerpen 1

Bestätigung f confirmation; confirmation; confirmación
Telegrammwechsel m exchange of telegrams; échange de télégrammes; cambio de telegramas

Unser Angebot vom 01.11...
Kabelbestätigung

Sehr geehrte Damen und Herren,

wir bestätigen den Wortlaut Ihres
Telegramms wie folgt:

Annehmen 500 frigos Baires 8 1/4
pence lb., cif Antwerpen.

Unsere telegrafische Antwort lautete:

Lassen fest an Hand 500 Baires
bis morgen mittag, letzter Preis
8 1/2 pence.

Angebot n offer; offre; oferta
Kabel n (= Telegramm) cable, telex; câble, télégramme; cable, telegrama

Wortlaut m text; texte; texto

annehmen (= wir nehmen an) accept; acceptons; aceptamos

Baires short for Buenos Aires; abréviation pour Buenos Aires; abreviatura para Buenos Aires
fest an Hand lassen keep at s.o.'s disposal; laisser en option; dejar en mano

24

Bis zum 06.11... mittags bieten wir Ihnen fest an:

ca. 500 Kuhhäute gesalzen, Herkunft Buenos Aires, 18 — 20 kg Durchschnittsabladegewicht, Schlachtzeit Mai/Juni, Preis 76 US-cts je kg Ladegewicht; Freundschaftsarbitrage in Hamburg, cif Antwerpen, zahlbar mit Dreimonatsakzept gegen Dokumente.

Bitte schicken Sie uns Ihre telegrafische Zustimmung. Danke.

Mit freundlichem Gruß

Gerth & Co.

Kuhhäute f/pl. cowhides; peaux de vaches; pieles de vacas
Herkunft f origin; origine; origen
Durchschnittsabladegewicht n average shipping-weight; poids d'embarquement moyen; peso de embarque medio
Schlachtzeit f killing-time; date d'abattage; tiempo de matanza
Ladegewicht n shipping weight; poids de chargement; peso de carga
Freundschaftsarbitrage f friendly arbitration; arbitrage à l'amiable; arbitraje amigable
Dreimonatsakzept gegen Dokumente three months' acceptance against documents; acceptation à trois mois contre remise des documents; aceptación a 90 días contra documentos

5. Exportangebot für optische Geräte

Braunschweig, 12.11...

Kazim Kedeli & Bros.
P.O.B. 44

Kuwait

Angebot — Optische Artikel
Ihre Anfrage vom 12.09...

Sehr geehrte Damen und Herren,

mit diesem Brief erhalten Sie wunschgemäß unseren neuesten illustrierten Katalog und unsere Exportpreisliste für Prismen-Feldstecher, Lupen und Kompasse. Sie werden erkennen, daß die Artikel in Qualität und Preis jeder Konkurrenz gewachsen sind.

optische Geräte n/pl. optica goods; articles optiques; artículos ópticos
Angebot n offer; offre; oferta

Katalog m catalog; catalogue; catálogo
Exportpreisliste f export price list; tarif export; lista de precios de exportación
Prismen-Feldstecher m prism field glass; jumelles à prismes; gemelos prismáticos
Lupe f magnifying glass; loupe; lupa
Kompaß m compass; boussole; brújula

Zahlungs- und Lieferbedingungen:

Barzahlung ohne Abzug gegen Aushändigung der Versandpapiere. Verpakkung frei; Transport- und sonstige Kosten zu Lasten des Käufers.

Transport:

Da unsere Waren weder schwer noch umfangreich sind, empfehlen wir den Versand als Luftfracht.

Wir freuen uns auf Ihre Bestellung.

Mit freundlichen Grüßen

Optische Werke Braunschweig GmbH

Anlagen:
Katalog
Preisliste

Zahlungs- und Lieferbedingungen f/pl. terms of payment and delivery; conditions de paiement et de livraison; condiciones de entrega y de pago
Versandpapiere n/pl. shipping documents; documents d'expédition; documentos de expedición
Verpackung frei no charge is made for packing; franco d'emballage; embalaje gratuito (od. libre)
Transportkosten pl. freight (charges); frais de transport; gastos de transporte
zu Lasten des to be paid by the; à la charge de; a cargo de
Luftfracht f air freight; fret par air; flete aéreo
Bestellung f order, ordre; orden, pedido

6. Angebot auf Anfrage

Nürnberg, 31.03...

Alif Kiamil & Co.
Posta Kutusu 26

Istanbul

Türkei

Angebot für Kohlepapier
Ihre Anfrage vom 24.03...

Kohlepapier n carbon paper; papier carbone; papel carbón

Sehr geehrte Damen und Herren,

wir danken Ihnen für Ihre Anfrage und bieten Ihnen an:

Kohlepapier

Format: Folio
Farben: violett, blau, rot, schwarz

Qualität A:
   für 1 000 Blatt   80,00 DM

Qualität Standard:
   für 1 000 Blatt   81,20 DM

Qualität Prisma:
   für 1 000 Blatt   85,60 DM

Qualität Excelsior:
   für 1 000 Blatt   · 90,00 DM

fob Hamburg, einschließlich Verpackung; zahlbar rein netto ohne jeden Abzug durch Annahme unserer 60-Tage-Tratte ab Rechnungsdatum, gegen Übergabe der Versandpapiere.

Mit gleicher Post senden wir Ihnen je ein Muster der genannten Qualitäten und Farben, außerdem zwei Referenzbriefe großer Kunden, die sich sehr positiv über Güte und Preise unserer Kohlepapiere äußern.

Dürfen wir auch Sie recht bald zu unseren Kunden zählen? Wir freuen uns auf eine für beide Seiten erfolgreiche Geschäftsverbindung.

Freundliche Grüße

Höcker & Weber

Anlagen

Format n size, format; formato; tamaño
Folio n folio; in-folio; folio

einschließlich Verpackung including packing; emballage compris; embalaje incluído
rein netto ohne Abzug net without deduction; net sans déductions; neto sin descuento
ab Rechnungsdatum as of date of invoice; à partir de la date de la facture; a partir de la fecha de la factura
gegen Übergabe der Versandpapiere against documents; contre remise des documents; contra presentación de documentos
mit gleicher Post under separate cover; par le même courrier; por (correo) separado
Muster n sample; échantillon; muestra
Referenzbrief m letter of reference; lettre de références; carta de referencia
Güte f quality; qualité; calidad
Kunde m customer; client; cliente
Geschäftsverbindung f business connection; relations commerciales; relaciones comerciales

7. Angebot auf Anfrage nach Motoren für Export

Hamburg, 30.12...

Lahusen & Co. Ltd.
Cangallo 205

Buenos Aires

Argentinien

Angebot für Motoren
Ihr Brief vom 18.12...

Sehr geehrte Damen und Herren,

auf Ihre Anfrage hin haben wir uns sofort mit verschiedenen Herstellern in Verbindung gesetzt. Hier, für uns unverbindlich, das günstigste Angebot:

Hersteller: Motorenfabrik Schlüter & Co., München

3 stationäre Rohölmotoren Typ V, 16 PS 2zylindrig mit Zubehör und Ersatzteilen, gemäß Prospekt, zum Einzelpreis von

<u>DM 3 350,-- fob Hamburg,</u>

zahlbar durch Annahme unseres 60-Tage-Sichtwechsels gegen Dokumente.

Wenn Sie den Auftrag erteilen, werden wir die Motoren hier versichern, einschließlich eines erhofften Gewinns von 10 %.

Mit gleicher Post senden wir Ihnen noch einige Drucksachen der Firma

Anfrage f inquiry; demande; demanda
sich in Verbindung setzen mit contact; prendre contact avec; ponerse en contacto
unverbindlich not binding; sans engagement; sin compromiso
stationär stationary, fixed; fixe; fijo
Rohölmotor m crude oil engine; moteur à huile brute; motor de aceite crudo
2zylindrig 2-cylinder; à deux cylindres; a dos cilindros
Zubehör n accessories; accessoires; accesorios
Ersatzteil n spare part; pièce de rechange; pieza de repuesto
Prospekt m prospectus; prospectus; prospecto, folleto
Einzelpreis m price per unit; prix unitaire; precio por unidad
Sichtwechsel m sight draft; traite à vue; letra a la vista
einen Auftrag erteilen place an order; passer une commande; hacer un pedido
versichern insure; assurer; asegurar
erhoffter Gewinn expected profit; bénéfice espéré; beneficio esperado
mit gleicher Post under separate cover; par le même courrier; por (correo) separado
Drucksache f printed matter; imprimé; impreso

Schlüter in spanischer und deutscher Sprache sowie verschiedene Abbildungen der Motoren. Diese Prospekte können Sie für Verkauf und Werbung verwenden.

Wir hoffen, es gelingt Ihnen, das Geschäft abzuschließen. Bitte informieren Sie uns durch Teletexantwort. Danke.

Mit freundlichem Gruß

Kruse & Reinhold

Verkauf m sale; vente; venta
Werbung f advertising; publicité; publicidad, propaganda

Teletex n teletex; télétex; teletex

8. Bestätigung telegrafischer Preisangaben für Kakao

Hamburg, 07.11...

Aurelio Calderón y Cia.
Casilla 607

Guayaquil

Ecuador

Preisangaben für Kakao

Sehr geehrte Damen und Herren,

ich bestätige Ihnen meinen Kakaobericht vom 24.10... und den Empfang Ihres Telegramms vom 06.11..., in dem Sie mich baten, Sie über die gegenwärtige Lage auf dem Kakaomarkt telegrafisch zu informieren.

Gestern habe ich Ihnen gemäß beigefügten Abschriften gekabelt und folgende Zahlen genannt:

Preisangabe f quotation (of prices); indication du prix; indicación del precio

bestätigen confirm; confirmer; confirmar

Lage f *auf dem Kakaomarkt* situation on the cocoa market; situation sur le marché du cacao; la situación en el mercado del cacao
Abschrift f copy; copie; copia

29

Arriba superior Epoca
Verschiffung
November/Dezember $ 106,00

Machala $ 102,00

Arriba Navidad
Verschiffung
Januar/Dezember $ 110,00

c & f Hamburg für je 50 kg netto, Abladegewicht mit 2 % Franchise, wirkliche Tara, freundschaftliche Arbitrage in Hamburg.

Ich hoffe, daß diese Notierungen (für mich unverbindlich) Ihnen die Möglichkeit geben, mir feste Angebote zu machen.

Es ist richtig, daß Ihre Konkurrenz vor ungefähr einer Woche den Arriba Navidad etwas teurer angeboten hat, aber es fanden sich dafür keine Käufer. Inzwischen sollen auch schon Geschäfte zum Preis von $ 110,00 abgeschlossen worden sein.

Die Zahlungsbedingungen, wie bekannt: 60-Tage-Sichttratte auf die Banco Central von Ecuador.

Bitte senden Sie mir so schnell wie möglich neue Typenmuster der verschiedenen Qualitäten; mein Vorrat ist beinahe erschöpft. Im voraus vielen Dank.

Freundliche Grüße

Walter Bach

Anlagen

Verschiffung f shipping; embarquement; embarque

Abladegewicht n shipping-weight; poids d'embarquement; peso de embarque
Franchise f franchise; franchise; franquicia
Tara f tare; tare; tara
freundschaftliche Arbitrage friendly arbitration; arbitrage à l'amiable; arbitraja amigable
Notierung f quotation; cotation; cotización

Geschäfte abschließen place orders; conclure des affaires; concluir (od. hacer) negocios
Zahlungsbedingungen f/pl. terms of payment; conditions de paiement; condiciones de pago
Sichttratte f sight draft; traite à vue; letra a la vista
Typenmuster n sample; échantillon; muestra

Anlagen f/pl. enclosures; pièces jointes; anexos

9. Auftrag für Parfüme

Adelaide, 16.12...

Mystikum GmbH
Parfums & Feinseifen
Kaiserstraße 35

D-60329 Frankfurt

Bestellung

Sehr geehrte Damen und Herren,

wir danken Ihnen für die Preisliste und die Musterkollektion. Ihr Angebot sagt uns zu. Wir bestellen zur sofortigen Lieferung:

Nr.	Gegenstand	Anzahl
3	Parfum	120
5	"	150
8	"	100
15	Eau de Cologne	200
18	"	250
24	Feinseife	350
26	"	500

Versand, nach Ihren Bedingungen: frachtfrei Grenze. Die Verpackung berechnen wir nicht.

Zahlungsbedingungen:

Die Hälfte des Rechnungsbetrages bei Sendung der Versandpapiere durch Überweisung an die Deutsche Auslandsbank Frankfurt am Main, der Rest nach Empfang der Ware gegen Dreimonatsakzept.

Mit freundlichen Grüßen

Graves & Palmer Ltd.

Auftrag m order; ordre; orden
Bestellung f order; commande; pedido

Preisliste f price-list; prixcourant; lista de precios
Musterkollektion f sample collection; collection d'échantillons; muestrario
es sagt uns zu it suits us; cela nous convient; nos conviene
sofortige Lieferung immediate delivery; livraison immédiate; entrega inmediata

frachtfrei Grenze freight paid to border; franco frontière; franco frontera
Zahlungsbedingungen f/pl. terms of payment; conditions de paiement; condiciones de pago
Rechnungsbetrag m amount of invoice; montant de la facture; importe de la factura
Versandpapiere n/pl. shipping-papers; documents d'expédition; documentos de expedición
Überweisung f remittance; virement; transferencia
nach Empfang upon delivery (od. receipt); après réception; despúes de la entrega (od. del recibo)
Dreimonatsakzept n three months' acceptance; acceptation à trois mois; aceptación a 90 días

10. Bestellung mit Versandanweisung

Santiago de Chile, 08.12...

Optische Werke
E. Saal GmbH
Postfach 1 26

D-63555 Gießen

Auftrag

Sehr geehrte Damen und Herren,

vielen Dank für Ihre Preislisten. Wir bestellen zur sofortigen Lieferung:

1. 100 St. Kat.-Nr. 101 à   46,00 DM
2. 50 St. Kat.-Nr. 108 à   98,00 DM
3. 300 St. Kat.-Nr. 152 à   12,50 DM
4. 50 St. Kat.-Nr. 906 à   998,00 DM
5.   5 St. Kat.-Nr. 908 à 1 105,00 DM

Position 5 erbitten wir per Luftfracht, die übrigen Posten in Kisten verpackt fob Hamburg. Die Kisten müssen <u>an allen Seiten gezeichnet</u> und seemäßig verpackt sein; das Bruttogewicht ist ebenfalls anzugeben.

Halten Sie die Ware bitte zur Verfügung der Spedition „Interconti", Hamburg.

Die Versandanzeige erbitten wir in 5facher Ausfertigung mit Angabe der Brutto- und Nettogewichte:

  2 Ausfertigungen an Interconti
  3 Ausfertigungen an uns.

Versandanweisung f instruction for shipment; instruction d'expédition; instrucciones de envío
Position f, Posten m item; poste; partida
per Luftfracht by air; par fret aérien; por flete aéreo
gezeichnet marked; marqué; marcado
seemäßig verpackt packed sea-proof, in sea-worthy packing; dans un emballage maritime; en embalaje marítimo
Bruttogewicht n gross weight; poids brut; peso bruto
zur Verfügung halten hold to the order of s.o.; tenir qch. à la disposition de qn.; tener a/c. a la disposición de alg.
Spedition f forwarding house, shipping company (Am.); maison d'expédition, de transport; agencia de transporte
Versandanzeige f advice of dispatch; avis d'expédition; aviso de expedición
in 5facher Ausfertigung in five copies; en cinq exemplaires; en cinco copias
Nettogewicht n net weight; poids net; peso neto

Die Rechnung schicken Sie uns bitte nach Abgang der Ware in 4facher Ausfertigung mit genauen Angaben der Bruttogewichte.

Abgang m dispatch(ing); envoi, expédition; despacho

Freundliche Grüße

Enrique Saavedra y Cia.

11. Geschäftsangebot eines Einkaufshauses

Hamburg, 04.07...

Einkaufshaus n purchasing business; comptoir d'achat; mayorista de compras

Herrn Jean Delacroix
P.O. Box 312

Tamatave

Madagaskar

Angebot für Tropenausrüstungen

Tropenausrüstungen f/pl. outfits for the tropics; équipement colonial; equipos tropicales

Sehr geehrte Damen und Herren,

wir haben vom französischen Konsulat erfahren, daß Sie Großimporteur von Tropenausrüstungen sind.

Großimporteur m wholesale importer; gros importeur; mayorista de importaciones

Da wir seit langem auf den Export dieser Artikel spezialisiert sind, bieten wir Ihnen unsere Dienste als Einkäufer an.

Einkäufer m buyer; acheteur; comprador

Alle erforderlichen Ausrüstungsgegenstände werden hier hergestellt, die Qualität ist hervorragend, die Preise sind vorteilhaft. Viele Patente unterstreichen das hohe Niveau dieser Produktion in unserem Land.

vorteilhaft favourable, profitable; avantageux; ventajoso
Patent n patent; brevet; patente
Geschäftsverbindung f business connection; relations commerciales; relaciones comerciales

Wir stehen mit den bekannten Herstellern in Geschäftsverbindung und

33

führen regelmäßig bedeutende Mengen aus, besonders nach Australien, Brasilien und Zentralafrika.

Im Hamburger Hafen unterhalten wir ein Lager. Da wir direkt bei den Herstellern kaufen, können wir Ihnen günstige Preise bieten.

ein Lager unterhalten keep a warehouse; avoir un dépôt; (man)tener un almacén

Für unsere Leistungen berechnen wir eine Einkaufsprovision von 4 % der Rechnungssumme.

Einkaufsprovision f purchasing commission; commission d'achat; comisión de compra

Viele deutsche Exporteure verlangen vor Absendung der Ware eine Deckung durch ein unwiderrufliches Akkreditiv. Wir wären bei Ihnen, in Anbetracht der Bedeutung Ihres Hauses, mit 60-Tage-Sichttratten gegen Dokumente einverstanden. Bei Großaufträgen sind noch günstigere Zahlungsweisen möglich.

verlangen demand, request; exiger; pedir, exigir
Deckung f coverage; couverture; garantiá, seguridad
unwiderrufliches Akkreditiv irrevocable letter of credit; accréditif irrévocable; carta de crédito irrevocable
in Anbetracht ... in consideration of; vu; en consideración a
Sichttratte f sight draft; traite à vue; letra a la vista
Zahlungsweise f mode of payment; mode de paiement; modo de pago
Referenz f reference; référence; referencia

Als Referenzen nennen wir Ihnen:

— Norddeutsche Bank, Hamburg

— Handelshaus Hansen & Machado, Lourenço Marques.

Eine Geschäftsverbindung zwischen uns würde sicherlich zu guten, dauerhaften Erfolgen führen.

Unser Vorschlag: Schicken Sie uns bitte einen Probeauftrag, und wir übermitteln Ihnen kurzfristig unser Angebot. So könnte die zukünftige Zusammenarbeit schnell in die Wege geleitet werden.

Probeauftrag m trial order; commande d'essai; pedido de prueba
kurzfristig at short notice; dans un bref délai; a corto plazo
in die Wege leiten start, bring about; préparer; preparar

Mit freundlichen Grüßen

Hillmann & Schulz

34

12. Bitte um Aufklärung vor dem Angebot

Frankfurt, 16.04...

Paul Barbier
Maschinenbau
4, place Cornavin

CH-1200 Genf

Schleif- und Schmirgelscheiben
Ihr Brief vom 28.03...

Sehr geehrte Damen und Herren,

vielen Dank für Ihre Preisanfrage.

Da wir Ihnen ein möglichst genaues, praxisnahes Angebot machen möchten, allgemeine Preishinweise auf diesem Gebiet aber nicht sehr aussagefähig sind, bitten wir Sie noch um ein, zwei Angaben.

— Was für Metalle wollen Sie mit unseren Steinen bearbeiten?

— Soll mit der Hand oder mit der Maschine geschliffen werden? (Im zweiten Fall bitte Drehzahlen der Maschinen nennen.)

In unserem Angebot werden wir Ihnen dann Steine vorschlagen, deren Härten der Arbeitsweise angepaßt sind.

Hiermit senden wir Ihnen aber schon einen Übersichtsprospekt, der Ihnen die große Typenauswahl unseres Angebots zeigt. Außerdem gibt er Ihnen

Aufschluß über die verschiedenen Zu-
sammensetzungen und die Bindungs-
arten.

Mit freundlichen Grüßen

Schellenberg & Co.   Anlage

Aufschluß geben inform;
informer; informar
Zusammensetzung f combi-
nation, composition;
composition; composi-
ción
Bindungsart f kind of link-
age; type de fixation;
tipo de ligamento

13. Rückfrage des Verkäufers vor dem Angebot

Berlin, 12.11...

Herrn
Enrique Figueiredo
Export — Import
rua da Vitória, 24

Lissabon

Portugal

Angebot für Isolierplatten
Ihr Brief vom 18.11...

Rückfrage f further in-
quiry; demande de plus
amples informations;
demanda de información
Isolierplatte f insulating
slab, -plate; plaque iso-
lante; plancha aisladora

Sehr geehrte Damen und Herren,

wir danken Ihnen für Ihre Anfrage und
senden Ihnen hiermit unser Informationsmaterial. Es gibt Ihnen Auskunft über die Zusammensetzung, die
verschiedenen Materialdicken und
die Verwendungsmöglichkeiten für
unsere Artikel.

Sie finden darin Ihre Vermutung bestätigt: Unsere Isolierplatten sind
feuerfest und unverweslich; sie be-
wahren ihren Glanz unbegrenzt. Die
Platten isolieren gegen Schall, Hit-
ze und Kälte, eignen sich für alle
Zonen und lassen sich wie Holz bearbeiten.

Zusammensetzung f com-
position; composition;
composición
Materialdicke f thickness of
material; épaisseur des
matériaux; grueso del
material
Verwendungsmöglichkeit f
range of use; possibilité
d'emploi; posibilidad de
empleo
feuerfest fire-proof; réfrac-
taire; resistente al fuego
unverweslich imputrescible;
imputrescible; imputres-
cible
isolieren insulate; isoler;
aislar
Schall m noise; bruit; ruido

36

Um Ihnen aussagefähige Preise nennen zu können, brauchen wir noch drei Informationen von Ihnen:

- Für welche Zwecke sind die Platten gedacht?

- Welche Materialdicken kommen in Frage?

- Welche Mengen brauchen Sie voraussichtlich?

Sie erhalten dann sofort unser genaues Angebot, das Ihnen sicherlich zusagen wird. Im voraus vielen Dank für Ihre Antwort.

Freundliche Grüße

Bartels & Co.　　　　　　　Anlage

gedacht, bestimmt intended; destiné; destinado

in Frage kommen come into question; entrer en ligne de compte; ser tomado en consideración
voraussichtlich presumably; probablement; probablemente

genaues Angebot detailed offer; offre détaillée; oferta detallada
im voraus in advance; par avance; de antemano, con anticipación

14. Bestellung unter Ablehnung der geforderten Barzahlung

Port Said, 28.09...

Grunert & Müller
Messerschmiede
Postfach 11 34

D-56533 Solingen

Ihr Angebot vom 17.09... –
Bestellung

Sehr geehrte Damen und Herren,

ich danke Ihnen für Ihr Angebot mit Katalog. Ihre Artikel sagen mir zwar zu, nicht jedoch die Konditionen. Ich habe Ihnen gute Referenzen ge-

Ablehnung f disapproval; désapprobation; desaprobación
Barzahlung f cash (payment); paiement comptant; pago al contado
Messerschmiede f cutlery works; coutellerie; cuchillería

Konditionen f/pl. conditions; conditions; condiciones
Referenz f reference; référence; referencia

37

nannt, und trotzdem verlangen Sie Barzahlung. Das ist nicht üblich.

Vielleicht können wir aber dennoch ins Geschäft kommen. Um das zu ermöglichen, gebe ich Ihnen einen Probeauftrag. Ich bestelle hiermit:

100 El.-Haarschn.-Masch.
Nr. 8, je Stück 118,00 DM

100 Hand-Haarschn.-Masch.
Nr. 3, je Stück 17,60 DM

100 Scheren Nr. 17,
je Stück 32,40 DM

100 Scheren Nr. 22,
je Stück 36,70 DM

50 Nagel-Etuis,
je Stück 31,90 DM

einschließlich Verpackung, cif Port Said, Barzahlung, ohne Abzug, gegen Aushändigung der Verschiffungspapiere.

Lieferung: schnellstens!

Ich bitte Sie, mir in Zukunft einen Kredit von 90, mindestens aber von 60 Tagen einzuräumen, wie ich ihn von den meisten europäischen und amerikanischen Lieferanten erhalte. Unsere weiteren Geschäftsbeziehungen werden davon abhängen.

Mit freundlichem Gruß

A. Oumar & Cie.

üblich customary; habituel; usual

ins Geschäft kommen do business; conclure une affaire; entrar en negocios
Probeauftrag m trial order; commande d'essai; pedido de muestra
El. = *Elektro-* electric; électrique; eléctrico
Haarschneidemaschine f haircutting machine; tondeuse; maquinilla de cortar el pelo

Schere f (pair of) scissors; ciseaux; tijeras

Nagel-Etui n manicure case; étui de manucure; estuche de manicura
Verpackung f packing; emballage; embalaje
Barzahlung f cash payment; paiement comptant; pago al contado
ohne Abzug without deduction; sans déduction; sin deducción
Verschiffungspapiere n/pl. shipping documents; documents d'embarquement; documentos de embarque
Lieferung f delivery; livraison; entrega
einen Kredit einräumen grant a credit; consentir un crédit; dar un crédito

15. Bestellung nach Muster

Comptoir Franco – Scandinave
d'Importation et d'Exportation
83, rue Victor Hugo

F-76600 Le Havre

Bestellung nach Muster

Sehr geehrte Damen und Herren,

Bestellung nach Muster order according to sample; commande sur échantillon; pedido según muestra

einer unserer Kunden hat uns beauftragt, je 50 m Spitze nach beigefügten Mustern zu liefern.

Spitze f lace; dentelle; encaje

Wie Sie sehen, handelt es sich um Alençonner Spitze, die – der verschossenen Farbe und dem Muster nach zu urteilen – sehr alt sein dürfte.

verschossen faded; fané; desteñido

Aus diesem Grund haben wir unserem Kunden auch nicht versprechen können, eine genau übereinstimmende Ware zu beschaffen.

übereinstimmen correspond; correspondre; corresponder

Ist es Ihnen möglich, Spitzen zu liefern, die den Mustern ziemlich gleichkommen? Wenn ja, bitten wir, den Auftrag so schnell wie möglich auszuführen.

gleichkommen equal; ressembler; igualar

Tun Sie bitte Ihr Bestes, um die gewünschte Qualität zu einem vernünftigen Preis zu liefern. Unser Auftraggeber ist ein wichtiger Kunde, der sicherlich noch mehr bestellt, wenn wir diesen Auftrag zu seiner Zufriedenheit ausführen.

gewünschte Qualität desired quality; qualité désirée; calidad deseada
vernünftiger Preis reasonable price; prix raisonnable; precio razonable
Auftraggeber m contractor; commettant; comitente
zu seiner Zufriedenheit to his satisfaction; à sa satisfaction; a su satisfacción

Freundliche Grüße

G. Olsen & Co.   Anlagen

16. Aufgeschobene Bestellung wegen anderer Konditionswünsche

Stuttgart, 03.02...

Alfonso Branduardi
Via Nizza 39

I-20100 Mailand

Spezialflaschen für Medikamente
für den Export
Ihr Brief vom 04.01...

Sehr geehrter Herr Branduardi,

zunächst herzlichen Dank für Ihren
ausführlichen Brief. Bitte entschuldigen Sie, daß wir nicht
schneller geantwortet haben; wegen
der bevorstehenden Messe ist einiges
etwas länger liegengeblieben.

Zu Ihrem Angebot: Wir sehen im Grunde
gute Chancen, mit Ihnen ins Geschäft
zu kommen. Qualität der Ware, Preise
und Nachfrage, das alles scheint uns
zu „stimmen". Kopfzerbrechen bereitet uns nur, daß Sie fob Genua statt
fob Hamburg anbieten. Da wir grund-
sätzlich von einem deutschen Hafen
aus verschiffen, paßt diese Kondi-
tion nicht in unser Konzept.

Ist es nicht doch möglich für Sie,
auf der Basis fob Hamburg anzubie-
ten? Wenn Sie dem zustimmen könnten,
stände einem Abschluß nichts mehr
im Wege.

Falls Sie einverstanden sind, übermitteln Sie uns bitte Ihre neuesten
Preise für die kompletten Spezialflaschen fob Hamburg. Bitte geben

Sie uns auch genaue Hinweise auf die Art und die Aufmachung der Verpakkung. Am besten wäre es, Sie schickten uns Muster. So können wir am leichtesten die Gebühren für die Seefracht nach Übersee kalkulieren.

Wir freuen uns auf Ihre – wie wir zuversichtlich hoffen – zustimmende Antwort.

Mit besten Grüßen

Alwin Horstmann

Aufmachung f der Verpackung packaging; type d'emballage; presentación del embalaje
Gebühren f/pl. rates; taxes; gastos, derechos
Seefracht f sea freight; fret maritime; flete marítimo

17. Bestellung nach Besichtigung

Paris, 04.10...

Gebrüder Reinmann & Co.
Fredericiastraße 16

D-14050 Berlin

Bestellung

Sehr geehrter Herr Menzler,

Sie waren auf der Hannover-Messe so freundlich, mir ausführlich Ihre Kopiergeräte zu zeigen und zu erläutern. Daraufhin bestelle ich jetzt:

– 20 Kopierer Modell Z

zum Stückpreis von 425,00 DM, einschließlich Verpackung, frei Bahn, gemäß den Bedingungen Ihres Prospektes.

Bestellung f order; ordre; orden, pedido
Besichtigung f inspection; examen; examen
Messe f fair; foire; feria de muestras
Kopiergerät n duplicator, mimeograph; duplicateur, multicopiste; copiadora
Kopierer m = Kopiergerät n
Modell n model; modèle; modelo
Stückpreis m price per unit; prix unitaire; precio por unidad
frei Bahn free on rail; franco gare; franco estación
gemäß den Bedingungen according to the conditions; conformément aux conditions; según las condiciones

Als Anlage erhalten Sie einen Verrechnungsscheck über

4 250,00 DM,

ausgestellt auf die Berliner Diskonto Bank als Vorauszahlung für meine Bestellung.

Wenn die Geräte halten, was sie versprechen, können wir wahrscheinlich demnächst einen größeren Auftrag erteilen. Ich gehe davon aus, daß Sie mir dann einen Sonderrabatt und die üblichen Zahlungserleichterungen einräumen.

Bitte bestätigen Sie den Empfang des beigefügten Schecks, und schicken Sie mir Ihre Versandanzeige. Danke.

Mit freundlichen Grüßen

Roger Denis

Anlage:
Scheck

Verrechnungsscheck m crossed (od. non-negotiable) cheque (Brit.), voucher check (Am.); chèque barré; cheque cruzado

Vorauszahlung f advance payment; paiement anticipé; pago adelantado

Sonderrabatt m special discount; rabais spécial; rebaja especial
Zahlungserleichterungen f/pl. easy terms; facilités de paiement; facilidades de pago
Versandanzeige f shipping-report; avis d'expédition; aviso de expedición

18. Vorläufige Auftragsbestätigung und Versandavis

Hamburg, 22.07...

Lucien Boussac & Cie.
12, rue Gallieni

Casablanca

Marokko

Vorläufige Auftragsbestätigung
Versandavis

Sehr geehrte Damen und Herren,

Ihr Auftrag vom 05.07... Vielen
Dank für Ihre Bestellung. Da wir noch

vorläufig provisional; provisoire; provisional
Auftragsbestätigung f acknowledgement of order; confirmation de commande; confirmación de la orden
Versandavis n advice of dispatch note; avis d'expédition; aviso de expedición

mit unseren Lieferanten verhandeln, können wir nicht sofort liefern. Bitte haben Sie noch ein paar Tage Geduld. Wir benachrichtigen Sie so schnell wie möglich.

<u>Ihr Auftrag vom 01.07...</u> Wir senden Ihnen, unvorhersehbare Umstände vorbehalten, mit der „Casablanca", die am 30.07... Antwerpen verläßt, folgende Waren :

12 Kisten Messerschmiedeartikel,
10 Kisten Glühlampen.

Die Verschiffungspapiere und die Rechnung erhalten Sie im Laufe der kommenden Woche.

Mit freundlichen Grüßen

Richter & Schmidt

unvorhersehbare Umstände vorbehalten with reservation as to unforeseen circumstances; sauf imprévus; salvo imprevistos

Messerschmiedeartikel m/pl. cutlery; coutellerie; artículos de cuchillería
Glühlampe (Glühbirne) f light bulb; ampoule; bombilla
Verschiffungspapiere n/pl. shipping documents; documents d'embarquement; documentos de embarque
Rechnung f invoice; facture; factura

19. Bestätigung eines Exportauftrags

Bielefeld, 24.10...

Maison
Grondhout & Van Sandick
45, rue de Rivoli

Brüssel

Belgien

Auftragsbestätigung

Auftragsbestätigung f confirmation of order; confirmation de commande; confirmación de la orden

Sehr geehrte Damen und Herren,

wir bestätigen Ihre telegrafische Bestellung vom 03.10... wie folgt:

100 Dutzend Schals
100 Dutzend Morgenröcke
100 Dutzend Pyjamas

Alle Artikel in Naturseide gemäß besonderer Aufstellung.

Ihr Wunsch, die Waren noch vor Weihnachten zu erhalten, hat uns Schwierigkeiten bereitet, weil unser Lieferant Morgenröcke nicht vorrätig hatte. Wir haben diesen Artikel deshalb bei einem anderen Hersteller beschafft, allerdings zu einem etwas höheren Preis (+ 4,80 DM), weil wir dort keinen Umsatzbonus erhalten.

Anfang Dezember müßte die Lieferung in Ihrem Besitz sein. Versandpapiere und Rechnung folgen mit nächster Post.

Um Ihre Interessen wahrnehmen zu können, mußten wir in diesem Fall schnell und ohne vorherige Rückfrage handeln. Wir hoffen, Sie sind damit einverstanden.

Freundliche Grüße

Meyer & Co.

Schal m scarf; écharpe; bufanda
Morgenrock m dressing-gown; peignoir; bata
Pyjama m pyjamas; pyjama; pijama
Naturseide f natural silk; soie naturelle; seda natural

Lieferant m supplier; fournisseur; suministrador

Umsatzbonus m turnover bonus; bonus de vente; bono de venta
Lieferung f delivery; livraison; suministro, entrega
Versandpapiere n/pl. shipping documents; documents d'expédition; documentos de expedición
mit nächster Post by the next mail; par le prochain courrier; a vuelta de correo
Interessen wahrnehmen look after s.o.'s interests; défendre les intérêts de qn.; defender los intereses de alg.
ohne vorherige Rückfrage without prior inquiry; sans l'accord explicite; sin pedir informes aclaratorios

20. Bestätigung eines telegrafischen Auslandsauftrags

Hamburg, 18.01...

Herrn Jõao Machado
143, rua do Bonjardim

Porto

Portugal

Bestätigung unseres telegrafischen
Auftrags vom 16.01...

Sehr geehrte Damen und Herren,

wir bestätigen unseren Telegrammwechsel (Anlage: Kopien), nach dem
wir so bestellt haben:

100 Kisten Ölsardinen,
100 Dosen je Kiste,
Preis je Kiste: 81,00 DM

cif Hamburg oder Lübeck nach unserer
Wahl, sofortige Lieferung gegen Bar-
zahlung, ohne jeglichen Abzug, gegen
Vorlage der Verschiffungspapiere in
Hamburg, Hamburger freundschaft-
liche Arbitrage.

Unser Kunde bittet, 50 Kisten nach
Hamburg und 50 Kisten nach Lübeck zu
liefern. Auf unsere Veranlassung
wird die Hanseatenbank in Hamburg
die Zahlungsregelung übernehmen.

Bitte sorgen Sie dafür, daß nur einwandfreie, frische Ware versandt
wird. Reklamationen bei diesem neuen
Kunden müssen unbedingt vermieden
werden.

Bestätigung f confirmation; confirmation; confirmación
telegraphischer Auftrag telegraphic order; commande télégraphique; pedido telegráfico
Telegrammwechsel m exchange of telegrams; échange de télégrammes; cambio de telegramas
Anlage f enclosure; annexe; anexo
Kopie f copy; copie; copia
Ölsardine f sardine; sardine à l'huile; sardina en aceite
nach unserer Wahl for us to make a choice, to our choice; à notre choix; según nuestra elección
Lieferung f gegen Barzahlung cash on delivery; livraison au comptant; entrega contra pago al contado
ohne jeglichen Abzug without any deduction; sans déduction; sin deducción
gegen Vorlage der Verschiffungspapiere on presentation of shipping documents; contre présentation des documents d'embarquement; contra presentación de los documentos de embarque
freundschaftliche Arbitrage friendly arbitration; arbitrage à l'amiable; arbitraje amigable
Zahlungsregelung f settlement (of account); règlement de paiement; arreglo de pago
Reklamation f complaint; réclamation; reclamación

Wir erwarten Ihre Bestätigung.

Mit freundlichem Gruß

Helling & Kühl   2 Anlagen

21. Unterbringung eines Auftrags nach Probebestellung

Hamburg, 14.01...

Etablissements
Viard & Mascaux
18, rue Charles-Quint

Oran

Algerien

Unterbringung Ihres Auftrags vom 09.01...

Unterbringung f placing; exécution; colocación

Sehr geehrte Damen und Herren,

wir danken Ihnen für Ihren neuen Auftrag, der uns zeigt, daß Sie mit der Ausführung Ihrer Probebestellung vom 03.09... zufrieden gewesen sind.

Probebestellung f trial order; commande d'essai; pedido de prueba

Wir notieren heute für Ihre Rechnung:

für Ihre Rechnung for your account; pour votre compte; para su cuenta

30 Karrenpflüge Modell KAP 5
30 Kipp-Pflüge Modell KIP 3
15 Scheibeneggen
15 Grubber

Karrenpflug m carriage-plough; défonceuse; arado de carretón
Kipp-Pflug m two-way plough; charrue balance; arado de vertedera
Scheibenegge f disc harrow; pulvériseur à disques; grada de discos
Grubber m grubber, lister; cultivateur; cultivador

Preise und Lieferbedingungen wie bei unserer ersten Lieferung, Verschiffung unverzüglich.

Lieferbedingungen f/pl. terms of delivery; conditions de livraison; condiciones de entrega

Wir werden diesen Auftrag sofort unterbringen. Wir werden die Ware vor-

Verschiffung f shipment; embarquement; embarque

aussichtlich in 8–10 Tagen versenden und Ihnen zugleich die Rechnung schicken.

Um Ihnen entgegenzukommen und wegen der Bedeutung des Auftrags erklären wir uns mit den von Ihnen vorgeschlagenen Zahlungsbedingungen einverstanden: gegen Annahme unserer Dokumententratte 90 Tage nach Sicht.

In einigen Tagen werden wir Ihnen die Auftragsausführung mitteilen.

Freundliche Grüße

L. Dahl & Kemmerich

Zahlungsbedingungen f/pl. terms of payment; conditions de paiement; condiciones de pago
Dokumententratte f documentary draft, draft with documents attached; traite documentaire; letra documentaria
nach Sicht after sight; de vue; de vista
Auftragsausführung f execution of an order; exécution de la commande; ejecución del pedido

22. Berichterstattung eines Handelsvertreters

Göteborg, 24.05...

Compagnie du Riz
18, rue d'Isly

Bangkok

Thailand

Telegrammbestätigung
Berichterstattung

Telegrammbestätigung f confirmation of telegram; confirmation de la commande par télégramme; confirmación de telegrama
Berichterstattung f report; rapport; información

Sehr geehrte Herren,

ich bestätige den Inhalt Ihres Telegramms vom 22.05...:

„Zweihundert senden gestern Kopenhagen mit ‚Siegfried'."

Ich entnehme daraus: Sie haben am 21.05... die bestellten 200 Sack

entnehmen aus infer from; déduire de; deducir de
Sack m bag; sac; saco

47

nach Kopenhagen an die Firma Carl Ahlberg, Mariestad, abgeschickt; der Kunde wurde mit gleicher Post benachrichtigt.

Anders Svedenborg, Oslo. Heute morgen sind die bestellten 400 Sack mit der „Arabian" angekommen; sie werden unverzüglich nach Oslo weitergeleitet.

E. Lundmark & Nordqvist, Karlskrona. Die Firma hat gezahlt. Die skr. 3 720 habe ich am 20.05... auf Ihr Konto bei der Skandinaviska Bank eingezahlt.

Verpackung. Zahlreiche Zuckerexporteure schicken ihre Ware nach Skandinavien in Spezialsäcken aus Baumwolle oder Manila-Hanf. Diese Art der Verpackung ist hier sehr beliebt, weil sich die Säcke zu billigen Handtüchern umarbeiten lassen, die gut zu verkaufen sind. – Mit gleicher Post sende ich Ihnen ein Handtuch, das aus einem 50-kg-Sack gearbeitet worden ist. – Ist es Ihnen möglich, auch in solchen Säcken zu liefern? Ich nehme an, daß Sie dieses Verpackungsmaterial günstig von Webereien in Bangkok beziehen können. – Vielleicht läßt sich auch Reis darin liefern? – Jedenfalls erleichtern die „towel-bags" wesentlich den Verkauf.

Mit freundlichen Grüßen

Gustav Bergström

23. Bitte einer ausländischen Firma um Blankokredit in der Bundesrepublik Deutschland

Casablanca, 15.06...

Rheinische Bank AG
Unter Sachsenhausen 43

D-50667 Köln

Bitte um Blankokredit

Sehr geehrte Damen und Herren,

wir wollen in größerem Umfang landwirtschaftliche Maschinen nach Marokko einführen und bitten Sie deshalb um einen

Blankokredit von 200 000 DM

längstens bis zum Ende des Jahres.

Wir haben zwar ein beträchtliches Betriebskapital, müssen aber oft große Summen für die Importe anlegen. Da die Erlöse für die eingeführten Waren meistens erst nach zwei bis drei Monaten eingehen, brauchen wir kurzfristige Kredite.

Zu dem neuen Geschäftszweig „Landwirtschaftliche Maschinen": Vor einiger Zeit besuchte uns der Vertreter eines deutschen Konzerns. Dieses Unternehmen will den Export landwirtschaftlicher Maschinen beleben. Qualität und Preise des angebotenen Materials lassen ein gutes Geschäft erwarten, um so mehr, als der Bedarf an modernen Landwirtschaftsgeräten in Marokko erheblich ist.

Blankokredit m open credit; crédit en blanc; crédito en blanco
in größerem Umfang on a larger scale; sur une grande échelle; en gran escala
landwirtschaftlich farm, agricultural; agricole; agrícola
längstens bis until ... at the latest; au plus tard jusqu'à ...; a lo sumo hasta ...
beträchtlich considerable; considérable; considerable
Betriebskapital n working capital; capital d'exploitation; capital de explotación
anlegen invest; investir; invertir
Erlös m returns, proceeds; produit (de la vente); producto
eingehen be cashed; rentrer; ingresar
kurzfristiger Kredit short-term loan (od. credit); crédit à court terme; crédito a corto plazo
Geschäftszweig m branch (of business); branche; ramo
Vertreter m representative; représentant; representante
Konzern m trust; konzern; consorcio
Unternehmen n company; entreprise; empresa
den Export beleben stimulate the export; stimuler l'exportation; activar la exportación
Landwirtschaftsgeräte n/pl. farm (od. agricultural) implements; machines agricoles; aperos agrícolas

Unsere Firma ist Ihnen ja aufgrund früherer Beziehungen bekannt. Sie erinnern sich bestimmt an unsere großen Käufe von Eisenbahnmaterial, die mit Ihrer Hilfe zustande gekommen sind. Trotzdem nennen wir Ihnen noch folgende Referenzen:

Eisenbahnmaterial n railway rolling-stock and superstructure materials; matérial ferroviaire; material rodante

— der Herr Präsident der Handelskammer Bordeaux,

— die Bank von Algier in Algier,

— die Firma Fischer & Dürer in Hamburg.

Wir hoffen, Sie werden auf unsere Wünsche eingehen. Bitte teilen Sie uns Ihre Konditionen mit. Im voraus vielen Dank.

eingehen auf accede to; consentir à; corresponder a
Konditionen f|pl. conditions; conditions; condiciones
im voraus in advance; d'avance; de antemano

Freundliche Grüße

Société Marocaine

24. Antwort der Bank auf eine Bitte um Blankokredit

Köln, 29.06...

Société Marocaine
d'Importation et d'Exportation
6, rue Blaise Pascal

Casablanca

Marokko

Blankokredit
Ihr Brief vom 15.06...

Sehr geehrte Damen und Herren,

wir sind bereit, Ihnen einen Kredit

einen Kredit einräumen grant a loan (od. credit); accorder un crédit; conceder un crédito

einzuräumen, allerdings nur in Höhe von

100 000 DM.

Die Begrenzung auf die Hälfte der gewünschten Summe bitten wir rein sachbezogen zu sehen. Daß Ihr Unternehmen für uns kreditwürdig ist, sehen Sie an unserer Zustimmung. Aber nach unserer Erfahrung ist Ihr Tätigkeitsbereich für einen 200 000-DM-Kredit in einem einzigen Geschäftszweig zu begrenzt.

Begrenzung f restriction, ceiling; limitation; limitación
sachbezogen as pertaining to the matter on hand; objectif; referente al caso
kreditwürdig trustworthy, credible; crédible; digno de crédito
Tätigkeitsbereich m field of business; rayon d'action; campo de acción

Bitte berücksichtigen Sie dabei: Unsere Konditionen erlauben es Ihnen, Ihre Einkäufe etwa mit der Hälfte der von Ihnen gewünschten Kreditsumme durchzuführen.

Unsere Bedingungen:

Vom 01.07... bis zum 31.12... können Sie die auf Sie gezogenen deutschen Wechsel auf uns zahlbar stellen. Wir werden die Wechsel am Fälligkeitstag zu Ihren Lasten einlösen und gleichzeitig einen 90-Tage-Wechsel auf Sie ziehen, den Sie akzeptieren und, ohne Prolongationsmöglichkeit, am Verfalltag einlösen. Für die auf diese Weise geliehenen Summen berechnen wir Ihnen:

auf Sie gezogener Wechsel a bill drawn on you; la traite faite sur vous; letra extendida a su nombre
auf uns zahlbar stellen domicile with us; domicilier chez nous; domiciliar en nosotros
Fälligkeitstag m maturity, day of payment; date d'échéance; fecha de vencimiento
einlösen hono(u)r; honorer, payer; pagar
einen Wechsel ziehen auf make (od. issue) a draft on s.o., draw a bill of exchange on s.o.; tirer une traite sur qn.; girar una letra sobre
akzeptieren accept; accepter; aceptar
Prolongationsmöglichkeit f possibility of prolongation; possibilité de prolongation; posibilidad de prórroga
Verfalltag m maturity, day of payment; date d'échéance; vencimiento

a) 9 % Zinsen in laufender Rechnung, für die wir Ihnen am Halbjahresschluß eine Aufstellung schikken,

b) eine Vermittlungsprovision von 1/2 %.

Vermittlungsprovision f agent's commission; commission d'intermédiaire; comisión
Spesen f/pl. expenses; frais; gastos

Spesen für Porto usw. berechnen wir Ihnen nicht.

Porto n postage; port; franqueo

Selbstverständlich darf Ihr Blankokredit zu keiner Zeit 100 000 DM
überschreiten.

Wir hoffen, daß Ihnen unser Angebot
weiterhilft. Wenn Sie mit unseren
Bedingungen einverstanden sind,
schreiben Sie uns bitte.

Wir freuen uns auf eine weitere gute
Geschäftsverbindung.

Mit besten Grüßen

Rheinische Bank AG

25. Anfrage mit dem Ziel, ein Absatzgebiet zurückzugewinnen

15.05...

Adams & Hooper
253-5, Flinders Lane

Melbourne

Australien

Export von Klavieren

Sehr geehrte Damen und Herren,

vor dem Krieg haben wir über die
Firma Onions & Nitchell regelmäßig
große Pianoexporte in Ihr Gebiet
durchgeführt. Als diese Firma den
Klavierimport aufgab und zugleich
unsere Inlandspreise erheblich
stiegen, haben wir diesen Geschäftszweig ruhen lassen.

Jetzt ist eine neue Situation ent-

Absatzgebiet n market;
marché, débouché; mer-
cado de venta
Klavier n, Piano n piano;
piano; piano

Inlandspreis m home (od.
inland, domestic) price;
prix intérieur; precio
interior
steigen increase; monter,
augmenter; subir
Geschäftszweig m branch
(of business); branche;
ramo
ruhen lassen let s.th. rest;
arrêter, suspendre; sus-
pender

standen. Unsere Preise sind auf dem Weltmarkt wieder wettbewerbsfähig, und was die Qualität betrifft — die Spitzenleistungen der deutschen Pianobauer sind Ihnen sicherlich bekannt.

Wir wenden uns an Sie, weil Sie uns als anerkannter Klavierimporteur empfohlen worden sind. Sind Sie daran interessiert, mit uns ins Geschäft zu kommen? Und wie beurteilen Sie jetzt und in der nächsten Zukunft die Erfolgsaussichten für die Einfuhr deutscher Klaviere nach Australien? Schließlich: Wie sind die Importbedingungen?

Im voraus vielen Dank für Ihre Mühe. Über eine positive Antwort und die Einleitung einer dauerhaften, für beide Seiten erfolgreichen Geschäftsbeziehung würden wir uns freuen.

Mit besten Grüßen

Klavierfabrik Lyra GmbH

26. Bestätigung von Kaffeeangeboten und -verkäufen durch Kabel

Hamburg, 11.11...

Juan Santana Cia.
Apartado Postal 1542

Caracas

Venezuela

Kaffeeangebote und -verkäufe
Mein Brief vom 08.11...

Kaffeeangebot n coffee offer; offre de café; oferta de café
Verkäufe m/pl. sales; ventes; ventas

Sehr geehrte Herren,

ich bestätige den Empfang Ihres Telegramms vom 08.11... Darin haben
Sie mir folgende feste Angebote gemacht:

festes Angebot firm offer; offre fixe; oferta en firme

100 Sack Kaffee,
Typ B 5, je   128 c/lb

Sack m bag; sac; saco
c/lb = *cents per pound;*

150 Sack Kaffee,
Typ A 7, je   148 c/lb

50 Sack Kaffee,
Typ K 6, je   132 c/lb

300 Sack Kaffee,
Typ M 2, je   156 c/lb

Die Preise verstehen sich cf Hamburg
und schließen meine üblichen 3 % Vermittlungsprovision ein. Das fünfte
Wort Ihres Telegramms konnte ich
nicht entziffern; es muß verstümmelt
sein.

die Preise verstehen sich the prices are understood; les prix s'entendent; los precios se entienden
Vermittlungsprovision f agent's commission; commission d'intermédiaire; comisión
entziffern decipher, make out; déchiffrer; descifrar
verstümmeln mutilate; mutiler; mutilar
durchgeben transmit, pass on; remettre; transmitir

Am 09.11... habe ich Ihnen telegrafisch folgende Aufträge durchgege-
ben:

100 Sack B 5, je   128 c/lb
cf Hamburg,
Käufer: A. Metzer

75 Sack A 7, je   148 c/lb
cf Hamburg,
Käufer: H. Schulz

50 Sack K 6, je   136 c/lb
cf Hamburg,
Käufer: C. Wittig

Die 300 Sack M 2 zu je 156 c/lb waren
trotz aller Bemühungen nicht abzusetzen. Die Firma Schürer & Co., ein
angesehenes Unternehmen hier am Ort,
ist allerdings an dieser Ware interessiert. Mein Angebot:

absetzen sell; vendre; vender

300 Sack M 2, je   152 c/lb für cwt

Sofern die Einfuhrlizenz vorliegt,
wird sofort ein unwiderrufliches
Akkreditiv in Caracas eröffnet. –
Sind Sie einverstanden?

Einfuhrlizenz f import licence; licence d'impor-
tation; licencia de im-
portación
unwiderrufliches Akkreditiv
irrevocable letter of
credit; accréditif irrévocable; carta de crédito
irrevocable

Mit freundlichem Gruß

Karl Martens   3 Anlagen

27. Übersendung einer Rechnung

01.11...

Société Anonyme
des Tanneries
de la Campine
46, rue Leys

B-2000 Antwerpen 1

Ihr Auftrag Nr. ... vom ...

Sehr geehrte Damen und Herren,

im Anschluß an unsere Verkaufsbestätigung vom 05.11... senden wir Ihnen hiermit unsere Rechnung für die 500 gesalzenen Kuhhäute aus Buenos Aires über $ 7 662,00.

Sobald die Ware angekommen ist, werden wir sie sofort nach Antwerpen weiterleiten. Die Schiffspapiere erhalten Sie durch ein Bankinstitut Ihrer Stadt gegen Annahme unserer Dreimonatstratte.

Freundliche Grüße

Gerth & Co.   Anlage

im Anschluß an following; comme suite à; a continucación de
Verkaufsbestätigung f confirmation of sale; confirmation de vente; confirmación de venta
Rechnung f invoice; facture; factura
Kuhhäute f/pl. cowhides; peaux de vaches; pieles de vacas
weiterleiten forward, pass on; réexpédier; reexpedir
Schiffspapiere n/pl. ship's papers; documents maritimes; documentación del barco
Bankinstitut n banking institution; institut bancaire; banco
gegen Annahme unserer Dreimonatstratte on acceptance of our three-months draft; contre acceptation de notre traite à trois mois; aceptando nuestra letra documentaria de tres meses

28. Beantwortung einer unberechtigten Beschwerde

Berlin, 23.10...

The Liverpool
Paper Mills Co., Ltd.
The Manager
38, Renshaw Street

Liverpool

England

Lieferung Kiste RPT 186
Ihre Beschwerde vom 13.10...

Sehr geehrte Damen und Herren,

der Vertreter der englischen Eisenbahnen, Gebiet Nord, hat uns mitgeteilt, daß diese Kiste am 07.10... an Sie ausgeliefert worden ist; den Empfang hat Ihr Herr C. W. Cook durch seine Unterschrift bestätigt.

Bitte lassen Sie prüfen, ob sich die Kiste in Ihrem Lager befindet.

Wenn wir dazu nichts mehr von Ihnen hören, nehmen wir an, daß sich die Kiste angefunden hat.

Mit freundlichem Gruß

Berliner Papiermaschinenfabrik
vorm. Günther & Langhoff AG

unberechtigte Beschwerde unjustified complaint; réclamation injustifiée; reclamación injustificada
ausliefern deliver; livrer; entregar
Empfang m receipt; réception; recibo
Unterschrift f signature; signature; firma

Lager n storehouse, warehouse; dépôt, magasin; almacén

29. Beilegung einer Reklamation aus Übersee

Hamburg, 18.05...

Taker & Gates
P.O.B. 61

Dar-es-Salaam

Tansania

Ihre Reklamation vom 12.05...

Sehr geehrter Herr Gates,

wir bedauern es sehr, wenn unsere letzte Konservenlieferung nicht in Ordnung war. Allerdings ließ sich der Sachverhalt nicht ganz klären.

Da wir von Ihnen keine Bestätigung des Schiffsmaklers über die schlechte Beschaffenheit der Ware erhalten haben, war es für uns schwierig, Schadenersatz zu verlangen. Unser Lieferant kann sich nicht vorstellen, daß die Ware nicht einwandfrei gewesen ist. Er versichert glaubhaft, daß er bisher noch keine Qualitätsbeanstandungen bekommen hat.

Erschwerend kam hinzu, daß Sie, entgegen unseren Lieferbedingungen, erst drei Monate nach Ankunft der Ware reklamiert haben.

Aufgrund unserer jahrelangen Geschäfte mit unserem Lieferanten ist es uns trotz allem gelungen, ihn zu einem Entgegenkommen zu bewegen. Unser Lieferant wird die beanstandete Ware durch eine neue Lieferung ersetzen. Allerdings müssen Sie die Seefracht und die Zollgebühren über-

Beilegung f einer Reklamation settling of a complaint; règlement d'une réclamation; arreglo de una reclamación
Konservenlieferung f shipment of canned (Am.) (od. tinned Br.) foods; livraison de conserves; entrega de una partida de latas
Sachverhalt m facts of the case, circumstances; faits; circunstancias, asunto
Schiffsmakler m shipbroker; courtier maritime; agente marítimo
schlechte Beschaffenheit bad condition; mauvaise qualité; mala condición
Schadenersatz verlangen claim compensation; réclamer des dommages-intérêts; pedir indemnización
Qualitätsbeanstandung f complaint about the quality; réclamation au sujet de la qualité; reclamación sobre la calidad
entgegen unseren Lieferbedingungen contrary to our delivery terms; contrairement à nos conditions de livraison; contra nuestras condiciones de entrega
reklamieren complain; réclamer; reclamar
Entgegenkommen n concession; concession, obligeance; consideración
Seefracht f sea freight; fret maritime; flete marítimo
Zollgebühren f/pl. customs charges, duty; taxes douanières; derechos de aduana

nehmen. Da unser Lieferant in dieser umstrittenen Angelegenheit so weit entgegengekommen ist, haben wir dazu unser Einverständnis gegeben.

umstrittene Angelegenheit controversial matter; affaire discutable; asunto discutido

Wir freuen uns, daß wir Ihnen diese günstige Entscheidung mitteilen können. Auf weitere gute Zusammenarbeit!

Mit freundlichem Gruß

Weidner & Hahn

30. Beschwerde wegen unreiner Konnossemente

Hamburg, 11.12...

John Blandy Bros.
Ex- und Import
P.O.B. 2 17

Kingston

Jamaika

Beschwerde wegen unreiner Konnossemente — Ihr Brief vom 27.11...

Beschwerde f complaint; réclamation; reclamación
unreines Konossement foul bill of lading; connaissement avec réserve; conocimiento con reservas
Faß m barrel; tonneau; barril
schwimmend verkauft sold afloat; vendu flottant; vendido a flote
Klausel f proviso, clause; clause; cláusula

Sehr geehrte Damen und Herren,

wir haben die 10 Faß Portwein bereits schwimmend verkauft, und es ist für uns deshalb äußerst unangenehm, daß die Konnossemente die Klausel enthalten:

„Drei Fässer wurden vor der Verschiffung repariert."

Da wir keine reinen Dokumente vorlegen können, wird unser Kunde die Zahlung gegen Konnossement verweigern und uns für vorkommende Leckage verantwortlich machen. Auch der Versicherer wird gegen diese Klausel Einspruch einlegen.

Warum haben Sie dem Reeder nicht einen Revers ausgehändigt? Sie wußten doch, daß wir zu reinen Dokumenten verpflichtet sind.

Bitte sorgen Sie dafür, daß sich solche Vorfälle nicht wiederholen. Dazu gehört, daß Sie stets vollkommen einwandfreie Fässer verwenden. Wenn noch einmal Beanstandungen dieser Art vorkämen, könnte das die Geschäftsbeziehungen gefährden.

Mit freundlichem Gruß

W. Beyer & Sohn

31. Verladeanzeige und Rechnungsübersendung

Bordeaux, 21.10...

Schrader & Pfeiffer
Lebensmittel en gros
Postfach 69 32

D-30122 Hannover

Ihr Auftrag Nr. 312 vom 18.09...
Verladeanzeige und Rechnung

Sehr geehrte Damen und Herren,

mit der „Mira" haben wir heute folgende Waren an Sie abgeschickt:

60

8 Kisten Roquefort
6 Kisten Cantalkäse
2 Kisten getrüffelte
Gänseleberpastete
6 Kisten Dörrpflaumen

Hiermit erhalten Sie eine Ausfertigung des Konnossements und unsere Rechnung über

FF 316 400,—.

Wie verabredet, ziehen wir auf Sie für diese Summe einen Dreimonatswechsel, auf die Hannoversche Bank AG zahlbar gestellt.

Mit dieser Sendung sind alle Ihre Bestellungen ausgeführt. Wir freuen uns auf die weitere Zusammenarbeit.

Mit besten Grüßen

Paul Faivre & Cie.   2 Anlagen

Roquefort m Roquefort cheese; fromage de Roquefort; queso de Roquefort
Cantal m cantal (hard cheese made in southern France); Cantal; queso Cantal
getrüffelte Gänseleberpastete truffled pâté de foie gras; pâté de foie gras truffé; paté de foie gras trufado
Dörrpflaumen f/pl. prunes; pruneaux; ciruelas pasas
Ausfertigung f copy; exemplaire; copia
Konossement n bill of lading; connaissement; conocimiento de embarque
Dreimonatswechsel m three-months' bill; traite à trois mois; letra a tres meses

32. Übersendung eines Schecks

Oslo, 28.05...

Herrn Etienne Laforge
Schiffsmakler
23, quai des Cartrons

F-33000 Bordeaux

Ihre Frachtrechnung vom 15.05...

Sehr geehrte Damen und Herren,

zum Ausgleich Ihrer Rechnung senden wir Ihnen mit diesem Brief einen

Scheck m cheque; chèque; cheque
Schiffsmakler m ship-broker; courtier maritime; agente marítimo

Frachtrechnung f freight bill; fret; factura de flete

Ausgleich m compensation; solde; saldo

Scheck über FF 356 000. Bitte bestätigen Sie den Empfang.

Mit freundlichem Gruß

A. Paulsen & Co.

den Empfang bestätigen
acknowledge the receipt;
accuser réception; acu-
sar recibo

Anlage:
Scheck

33. Scheckempfangsbestätigung

Düsseldorf, 23.10...

Gautier & Jeannot
46, rue de Rivoli

F-75001 Paris

Ihr Brief vom 20.10...

Sehr geehrter Herr Gautier,

wir danken Ihnen für Ihre Mitteilung
und den Scheck. Die Rhein-Ruhr-Bank
in Düsseldorf hat uns den Scheckbetrag   inzwischen   bereits   gutge-
schrieben.

Auf eine weitere erfolgreiche Zusammenarbeit!

Mit freundlichen Grüßen

Rheinische Maschinenfabrik
vorm. Hartung & Weber AG

*Scheckempfangsbestäti-
gung f* acknowledgement
of check (od. cheque
Br.); accusé de réception
de chèque; acuse de re-
cibo de cheque
Scheckbetrag m amount of
check (od. cheque Br.);
montant du chèque; im-
porte del cheque
gutschreiben credit; porter
au crédit; abonar, acre-
ditar

34. Antwort auf eine unausführbare Bestellung

Darmstadt, 24.09...

Herrn Alfredo Silva
Via Chiaia, 94

Lissabon

Portugal

Ihre Bestellung Nr. 492 vom 02.09...

Sehr geehrte Damen und Herren,

Ihren Auftrag über 12 gegliederte Skelette und andere anatomische Artikel aus Steinpappe — vielen Dank dafür! — können wir nicht ausführen, weil wir diese Art Schulmaterial nicht mehr herstellen.

Als Lieferant kommt in Frage:

Esslinger Lehrmittelanstalt
Postfach 34 68

D-55211 Esslingen

Wir haben uns inzwischen auf künstliche Früchte für Ausstellungszwecke spezialisiert. Anlage: unser illustrierter, farbiger Katalog. Wenn Sie daran interessiert sind: Wir schicken Ihnen gern eine Musterkollektion.

Freundliche Grüße

Walter & Brandmann

Anlage

unausführbare Bestellung impossible order; commande impossible à exécuter; pedido inejecutable

gegliedertes Skelett articulated skeletons; squelette articulé; esqueletos articulados

Steinpappe f stone cardboard; carton goudronné; cartón piedra

Schulmaterial n instructional material; matériel scolaire; material de enseñanza

künstliche Früchte f|pl. artificial fruit; fruits artificiels; frutas artificiales

für Ausstellungszwecke for exhibition purposes; pour expositions; para exposiciones

Katalog m catalog; catalogue; catálogo

Musterkollektion f sample collection; collection d'échantillons; muestrario

35. Importangebot

Marseille, 18.04...

Herrn Otto Knaap
Kommissionär
Wallstraße 39

D-20087 Hamburg

Angebot

Sehr geehrter Herr Knaap,

wir verdanken Ihre Anschrift dem Französischen Konsulat in Hamburg und schreiben Ihnen, weil wir annehmen, daß unser Angebot für Sie von Interesse ist.

Wir haben die Erlaubnis erhalten, eine beträchtliche Menge

Schlangenhäute

in die Bundesrepublik Deutschland einzuführen. Unser Lager umfaßt 1 200 dieser Häute, alle frisch zubereitet und in hervorragendem Zustand. Die Länge schwankt zwischen 6 und 8 m, die Breite zwischen 55 und 80 cm.

Wie Sie wissen, sind diese Artikel in der Schuhindustrie sehr begehrt. Sind Sie interessiert?

Der Meterpreis liegt, je nach Breite, bei FF 2 700 und FF 5 160 cif Hamburg.

Auf diese Preise, die außerordentlich niedrig sind, erhalten Sie noch einen Rabatt von 5 %, wenn Sie die

Erlaubnis f authorization, permit; autorisation; permiso
Schlangenhäute f/pl. snake (python) skins; peaux de serpents; pieles de serpientes
Lager n stock; magasin; depósito
frisch zubereitet recently dressed; de préparation récente; recién hecho (od. preparado)

Schuhindustrie f shoe industry; industrie de la chaussure; industria de calzado
begehrt sein be in demand; être demandé; ser solicitado
Meterpreis m price per meter (od. metre Br.); prix au mètre; precio por metro

Rabatt m discount, rebate; rabais; descuento, rebaja

Hälfte, und 10 %, wenn Sie den ganzen
Posten kaufen.

Die Rechnung muß bar in französischen Franken bei Übergabe der Versandpapiere beglichen werden.

Falls Sie an diesem Angebot interessiert sind: Bitte informieren Sie uns schnell. Wir senden Ihnen dann sofort eine genaue Aufstellung und einige Muster.

Freundliche Grüße

Bonnard Frères

bar cash; comptant; al contado
bei Übergabe der Versandpapiere on delivery of shipping documents; contre remise des documents d'expédition; contra entrega de los documentos de embarque
eine Rechnung begleichen pay a bill; régler une facture; saldar (od. pagar) una factura
genaue Aufstellung specification; spécification; especificación
Muster n sample; échantillon; muestra

36. Bitte um Adressen

Augsburg, 27.08...

An den Herrn Präsidenten
der Handelskammer Marseille
164, avenue La Fontaine

F-13001 Marseille

Handelskammer f Chamber of Commerce; chambre de commerce; Cámara de Comercio

Bitte um Adressen

Sehr geehrter Herr Präsident,

für den Einkauf von Kork für Isolierzwecke brauchen wir die Anschriften von Herstellern und Exporteuren für Provencer Kork. Würden Sie uns dabei bitte behilflich sein?

Kork m cork; liège; corcho
für Isolierzwecke for insulating purposes; comme isolant; para aislamientos

Wir suchen Kork von mittlerer oder sogar minderwertiger Qualität zu niedrigen Preisen. Der Kork, den wir bisher aus Algerien bezogen haben, ist zu gut in seiner Qualität und da-

mittlere Qualität medium quality; qualité moyenne; calidad media
minderwertig inferior; inférieur; inferior

her auch für unsere Zwecke zu teuer.
Die schwächeren Qualitäten des Provencer Korks und die günstigeren
Transportmöglichkeiten könnten für
uns der Ausweg und für die Hersteller
in Ihrer Region ein gutes Geschäft
sein.

Wir wären Ihnen sehr verbunden, wenn
Sie uns einige namhafte Firmen in Ihrem Bereich nennen könnten, die sich
auf diese Artikel spezialisiert haben. Im voraus herzlichen Dank für
Ihre Bemühungen.

Mit freundlichen Grüßen

Augsburger Isolierplattenfabrik

günstig favo(u)rable; avantageux; favorable
Transportmöglichkeiten f/
pl. means of transport;
moyens de transport;
medios de transporte
Ausweg m alternative; alternative; alternativa

jemandem verbunden sein
be obliged to s.o.; être
obligé à q.; estar agra-
decido a alg.
namhaft renowned; connu;
notable
sich spezialisieren auf spe-
cialize in; se spécialiser
dans; especializarse en

Isolierplatten f/pl. insulating slabs; plaques iso-
lantes; planchas aisla-
doras

37. Bitte an eine ausländische Bank um Empfehlung eines Vertreters

Hannover, 01.07...

Herrn Esko Hautamäki
Direktor der
Nordiska föreningsbanken
Tuomiokirkonkatu 31 B

SF-33100 Tampere 10

Bitte um Empfehlung eines Vertreters

Sehr geehrter Herr Direktor Hautamäki,

der finnische Markt für Autoreifen
ist so wichtig geworden, daß wir Sie
in diesem Zusammenhang um eine Gefälligkeit bitten möchten.

Bisher haben wir unsere Autoreifen
in Finnland durch Vermittlung unse-

Empfehlung f recommen-
dation; recommanda-
tion; recomendación
Vertreter m representative;
représentant; represen-
tante

Autoreifen m automobile
tires, motor car tyres;
pneus d'automobile;
neumáticos
Gefälligkeit f favo(u)r; service; favor
durch Vermittlung through
the agency of; par l'in-
termédiaire; por media-
ción

66

rer Stockholmer Niederlassung verkauft. Wir beabsichtigen nun, in Finnland eine unabhängige Organisation aufzubauen. Dafür brauchen wir einen Auslandsspediteur, der ein weitverzweigtes Netz von Niederlassungen in ganz Finnland besitzt. Er muß auch über genug Kapital verfügen, um für den Wert der Waren bürgen zu können, die wir ihm zum Transport übergeben oder die wir in seinem Depot lagern wollen.

Niederlassung f branch (agency); succursale; sucursal
unabhängig independent; indépendant; independiente

weitverzweigt wide-branching; très étendu; muy extenso
Netz n network; réseau; red
bürgen für give security for; garantir; responder de

Können Sie uns behilflich sein?

behilflich sein help; aider; ayudar

Wenn es uns gelingt, unseren Plan zu verwirklichen, werden wir bei den entsprechenden Zahlungsangelegenheiten natürlich auch gern mit Ihrer Bank zusammenarbeiten.

Zahlungsangelegenheiten f/ pl. financial matters; opérations de paiement; asuntos financieros

Im voraus besten Dank für Ihre Antwort.

Mit freundlichen Grüßen

Hannoversche Gummiwerke AG

38. Allgemeines Angebot einer Exportfirma an einen Kommissionär

Fürth, 26.04...

Crowder & Co.
61, Dharamtala Road

Bombay

Indien

Vertretung für Schreibmaschinen

Sehr geehrte Damen und Herren,

da Sie mit Schreibmaschinen handeln, nehmen wir an, daß eine Zusammenarbeit zwischen uns möglich wäre.

Wir zählen zu den ältesten Herstellern dieser Branche und exportieren seit vielen Jahren mit ständig steigendem Absatz in viele Länder. Wichtig dabei: Trotz der starken Nachfrage sind wir, dank unserem großen und modernen Maschinenpark, in der Lage, schnell zu liefern.

Für Bombay würden wir gern einen Provisionsvertreter ernennen, um mit der Kundschaft in engeren Kontakt zu kommen und unsere Geschäftsbeziehungen so weiter auszubauen. Sind Sie an einer solchen Zusammenarbeit interessiert?

Bitte teilen Sie uns mit, was für Maschinen in Ihrem Bereich besonders in Frage kommen und mit welchen Absatzmöglichkeiten Sie rechnen. Außerdem: Zu welchen Bedingungen wären Sie bereit, unsere Vertretung zu übernehmen? Würden Sie uns, wenn

Kommissionär m commission agent; commissionnaire; comisionista
Vertretung f agency; agence; agencia
Schreibmaschine f typewriter; machine à écrire; máquina de escribir

Hersteller m manufacturer, maker; producteur; productor
steigender Absatz rising sale; augmentation des ventes; subida de ventas
starke Nachfrage keen demand; forte demande; fuerte demanda
Maschinenpark m machinery; parc de machines; parque de maquinaria
Provisionsvertreter m commission agent; représentant à la commission; representante a comisión
in Kontakt kommen come (od. get) into contact; prendre contact; ponerse in contacto
Geschäftsbeziehungen ausbauen expand business relations; développer nos relations commerciales; extender (od. desarrollar) las relaciones comerciales
Absatzmöglichkeiten f/pl. sales opportunities; possibilités de vente; posibilidades de venta
die Vertretung übernehmen accept the agency of; assumer notre représentation; hacerse cargo de la representación

68

möglich, zugleich einige Referenzen europäischer Hersteller nennen? Vielen Dank.

Mit freundlichen Grüßen

Fürther Schreibmaschinenwerke AG

39. Erkundigung wegen einer Insertion in einer ausländischen Zeitung

Berlin, 09.11...

Agence Générale
de Publicité
71, rue de Rivoli

F-75001 Paris

Inseratkosten

Sehr geehrte Damen und Herren,

wir möchten über Sie Inserataufträge abwickeln, brauchen aber zunächst einige Informationen.

1. Was würde die beigefügte Anzeige bei dreimaligem Erscheinen im „Figaro" kosten?

2. Ist der „Figaro" für diese Art von Anzeigen das geeignete Blatt, oder empfehlen Sie eine andere Zeitung?

3. Wir beabsichtigen, die gleiche Anzeige auch in Tageszeitungen von Bordeaux, Lyon oder Marseille erscheinen zu lassen. Können Sie uns auch dafür geeignete Zeitungen nennen und uns etwas über die Preise sagen?

Erkundigung f inquiry; information, renseignement; información
Insertion f advertisement; annonce, insertion; anuncio
Inseratkosten pl. advertising costs; coût d'une annonce; precio de anuncios

Aufträge abwickeln conduct orders; faire passer des annonces; ejecutar un pedido

beigefügt enclosed; ci-joint; adjunto
Anzeige f advertisement; annonce; anuncio
dreimaliges Erscheinen three publications; trois insertions; tres publicaciones
geeignet suitable; qui convient; apropiado
Blatt n newspaper; journal; periódico
empfehlen recommend; recommander; recomendar
Tageszeitung f daily (newspaper); quotidien; diario

erscheinen lassen publish; faire paraître, insérer; insertar

Wir hoffen auf Ihre baldige Antwort
und auf eine gute Zusammenarbeit.

Mit freundlichem Gruß

Chemische Werke
Valdora GmbH

40. Angebot von Fotoapparaten

Gießen, 12.01...

Carlos Hoepke S. A.
Herrn Carlos Hoepke
Avenida Tiradentes, 41

São Paulo

Brasilien

Angebot: Fotoapparate

Fotoapparat m camera; appareil photographique; aparato fotográfico

Sehr geehrter Herr Hoepke,

durch unsere dortige Vertretung haben wir erfahren, daß Sie ständig Bedarf an Fotoapparaten haben. Für den Fall, daß Sie an einer Geschäftsverbindung interessiert sind, hier unser Angebot:

Vertretung f agency; représentation; representación
Bedarf m demand; besoin; demanda

Wir sind ein junges Unternehmen. Als wir unsere optisch-mechanischen Werkstätten vor fünf Jahren gründeten, haben wir unsere Forschung und Produktion mit modernster Technik ausgestattet und für unsere leitenden Positionen hervorragende, erfahrene Fachleute ausgesucht. So ist

optisch-mechanische Werkstätten f/pl. optical-mechanical laboratories; ateliers d'optique et de mécanique; talleres ópticos y mecánicos
Forschung f research; recherche; investigación
ausstatten mit equip with; équiper; equipar con
Fachleute pl. experts; experts; expertos

70

es zu erklären, daß unsere erste Kameraneuheit, die

Kleinbildkamera „Perfekta"

sofort zu einem Erfolgsmodell geworden ist. Hier die Daten:

Filmformat: 24 x 36 mm
Optik: Erwe 2,8/45 multicoated
Verschluß: Prontor-SVS 1 — 1/500 s
vollsynchronisiert
Belichtungsmesser: Siliciumzelle
Schnittbild-Entfernungsmesser

Der große Verkaufserfolg ist allerdings auch mit darauf zurückzuführen, daß der Listenpreis von 190 DM in außerordentlich günstigem Verhältnis zur gelieferten Technik und Ausführungsqualität steht.

Wenn Sie an einer dauerhaften Zusammenarbeit interessiert sind, senden wir Ihnen gern eine „Perfekta" zur Ansicht — damit Sie aus eigener Anschauung sagen können: Diese Kamera wird aller Voraussicht nach auch bei meinen Kunden erfolgreich sein.

Zur Vorabinformation fügen wir Prospekte in deutscher, französischer und portugiesischer Sprache bei. Die Verkaufs- und Lieferbedingungen sind branchenüblich.

Was halten Sie von unserem Angebot?

Mit freundlichen Grüßen

Optische Werke
E. Saal GmbH

Kameraneuheit f camera novelty; nouvelle caméra; nueva máquina fotográfica
Kleinbildkamera f miniature camera; appareil de petit format; cámara tamaño pequeño
Erfolgsmodell n success; modèle à succès; modelo de gran éxito
Filmformat n film size; format de film;formato de la película
Optik f optics; optique; óptica
Verschluß m shutter; obturateur; obturador
vollsynchronisiert fully synchronized; à synchronisation intégrale; completamente sincronizado
Belichtungsmesser m exposure meter; posemètre, photomètre; exposímetro
Siliciumzelle f silicon cell; cellule au silicium; célula de silicio
Schnittbild-Entfernungsmesser m split-field rangefinder; télémètre à coïncidence, stigmomètre; telémetro de imágenes partidas

Vorabinformation f advance notice; information préalable; información previa
branchenüblich customary; habituel (dans notre branche); usual en el ramo

41. Angebotsergänzung auf Anfrage

Hamburg, 29.01...

MBA Industrial Trade
P.O.B. 48 93

Riad

Saudi-Arabien

Sicherheitshandschuhe
Ihr Brief vom 21.01...

Sicherheitshandschuhe m/pl. safety gloves; gants de sécurité; guantes de seguridad

Sehr geehrte Damen und Herren,

wir danken Ihnen für Ihre ausführliche Stellungnahme, die wir mit großem Interesse gelesen haben.

Stellungnahme f opinion; réponse; opinión

Damit wir Sie über die fob-Preise, über Brutto- und Nettogewichte sowie über die Luftfrachtgebühren genau informieren können, brauchen wir von Ihnen exakte Spezifikationen über die in Frage kommenden Mengen und über die gewünschten Typen und Größen.

Brutto- und Nettogewichte n/pl. gross and net weights; poids brut et net; pesos bruto y neto
Luftfrachtgebühren f/pl. air freight rates; frais de fret aérien; derechos de flete aéreo
Spezifikation f specification; spécification; especificación
Typ m type; type; tipo
Größe f size; taille; talla
Musterpaar n sample pair; une paire en échantillon; par de muestra

Wunschgemäß haben wir Ihnen inzwischen 5 Musterpaare geschickt. Sie werden die Sendung sicherlich schon erhalten haben. Die entsprechenden Preise sehen so aus:

Nr. 18   1,95 DM   fob Hamburg netto
Dr. 27   2,70 DM   fob Hamburg netto
Nr. 31   2,90 DM   fob Hamburg netto
Nr. 48   3,10 DM   fob Hamburg netto
Nr. 73   4,20 DM   fob Hamburg netto

Wir könnten fünf Wochen nach Auftragserteilung liefern. Bitte

Auftragserteilung f placing of order; commande; pasar el pedido

72

schicken Sie uns recht bald die notwendigen Angaben, damit wir keine weitere Zeit verlieren. Danke.

Angaben f/pl. details; indications; detalles

Mit freundlichem Gruß

C. Petersen & Co. KG

42. Beschwerde über schlechte Qualität und falschen Versandweg

Rastatt, 22.07...

Société Anonyme des
Ardoisières de la Vanoise
62, avenue de l'Opéra

Saint-Jean-de Maurienne (Savoie)

Frankreich

Beschwerde f complaint; réclamation; queja, reclamación

Unser Auftrag Nr. 389 vom 16.06...

Auftrag m order; ordre; orden
Lieferung f delivery; livraison; suministro, entrega

Sehr geehrter Herr Tessier,

entsprechen correspond, match; correspondre; corresponder

mit der Lieferung, die gestern hier angekommen ist, sind wir nicht zufrieden. Die Ware entspricht nicht unseren Mustern, die Grundlage unserer Bestellung waren. Der Schiefer sollte dunkelblau, gleichmäßig dick und qualitativ hochwertig sein. Statt dessen haben Sie uns graublau schattierten Schiefer von unterschiedlicher Dicke und mittelmäßiger Qualität geschickt, eine Sorte, die beim Schleifen der Platten außerordentlich viel Bruch verursacht.

Muster n sample; échantillon; muestra
Grundlage f basis; base; base
Schiefer m slate; ardoise; pizarra
hochwertig superior; de qualité supérieure; de alta calidad
schattiert shaded; dégradé; matizado
mittelmäßig mediocre, middling; médiocre; mediocre (od. regular)
Schleifen n polishing; polissage; esmerilado
Platte f slab; plaque; plancha
Bruch m breakage; casse; roturas

Auch den vorgeschriebenen Versandweg haben Sie nicht eingehalten.

Versandweg m routing; voie d'acheminement; ruta

73

Statt an der französischen Grenze entlang hat Ihr Spediteur den Weg über die Schweiz gewählt; dadurch sind vermeidbare Transportkosten von 114 DM entstanden.

Wir sind bereit, die nicht mustergerechte Ware zu behalten, wenn Sie mit 15 % Abzug vom Rechnungsbetrag einverstanden sind und die erwähnten unnötigen Mehrkosten für den Versand übernehmen. Das ergibt einen Rechnungsbetrag von FF 55 100.

Stimmen Sie unserem Vorschlag zu? Nur so sehen wir die Möglichkeit zu einer weiteren Zusammenarbeit.

Mit freundlichem Gruß

G. Hamm & Filter

Spediteur m carrier; transitaire, transporteur; agente de transportes
vermeidbar avoidable; évitable; evitable
Transportkosten pl. transport costs; frais de transport;gastos de transporte
mustergerecht according to sample; conforme à l'exemplaire; según la muestra
Mehrkosten pl. additional costs; frais supplémentaires; gastos suplementarios
Rechnungsbetrag m amount invoiced; montant de facture; importe de la factura

43. Beschwerde über verzögerte Lieferung

Köln, 05.12...

Luftpost

A. B. Nordiska Kompaniet
Vasagatan 28

S-602 20 Norrköpping

Beschwerde f complaint; réclamation; reclamación, queja
verzögerte Lieferung delayed delivery; retard de livraison; entrega atrasada
Luftpost f air mail; par avion; por avión, vía aérea

Ihr Auftrag Nr. 598 vom 20.11...
Ihr Brief vom 01.12...
Lieferverzögerung

Sehr geehrte Damen und Herren,

wir werden die Kohlen am 10.12. per Bahn absenden, so daß Sie die Sendung noch termingerecht erhalten.

Kohlen f/pl. coal; charbon; carbón
per Bahn by rail, by train; par voie ferrée; por vía férrea
Sendung f shipment; envoi; envío
termingerecht on schedule; dans les délais; conforme a la fecha fijada

Bitte haben Sie Verständnis für die Verzögerung; sie ist durch den plötzlichen Frost entstanden. Unsere Kohlenkähne sind auf dem Rhein eingefroren, so daß wir die Lieferung kurzfristig auf den Schienenweg umdirigieren mußten.

Zugleich haben wir eine Benachrichtigung an Sie geschickt, sie aber versehentlich falsch adressiert, so daß sie zurückkam. Wir bitten um Entschuldigung und sind nur froh, daß es uns trotz der Pannen gelungen ist, Ihre Bestellung noch rechtzeitig auszuführen.

Frost m frost; gel; helada
Kohlenkahn m coal barge; péniche de charbon; lancha de carbón
kurzfristig at short notice; au dernier moment; a corto plazo
Schienenweg m railroad (Am.) (od. railway Br.); par voie ferrée; por vía férrea
umdirigieren divert; détourner; desviar

Panne f mishap; contretemps; contratiempo

Freundliche Grüße

Kehlmann & Winter GmbH

---

44. Beantwortung einer Reklamation wegen überseeischer Zollstrafe

Bonn, 20.10...

Companhia Industrial
de Pernambuco
rua de Imperador, 255

Pernambuco

Brasilien

überseeisch overseas; d'outre-mer, transocéanique; transatlántico
Zollstrafe f customs fine; amende douanière; multa de aduana
Kacheln f/pl. glazed tiles, Dutch tiles; carreaux de faïence; azulejos

Ihr Auftrag vom 12.09...: Kacheln
Ihr Brief vom 06.10...

Sehr geehrte Herren,

wir bedauern, daß Sie auf unsere Kachelsendung mit der „Santa Theresa" eine Zollstrafe zahlen mußten, weil in der Rechnung nur das Gewicht, nicht aber die Abmessungen genannt waren.

Unser Rotterdamer Spediteur, dem wir alle notwendigen Daten angegeben haben, hat hier offenbar einen Fehler gemacht. Bitte entschuldigen Sie das Versehen.

Um Sie für Ihren Verlust zu entschädigen, haben wir die Hannoversche Landeszentralbank angewiesen, Ihnen durch die Vermittlung der Banco National de Pernambuco 500 Milreis anzuweisen.

Wir hoffen, unsere schnelle Regulierung wird dazu beitragen, daß wir in guter Geschäftsverbindung bleiben.

Mit freundlichen Grüßen

Keramische Werke AG

Gewicht n weight; poids; peso
Abmessungen f/pl. dimensions; dimensions; dimensiones
Spediteur m carrier, forwarding agent; transporteur, transitaire; agente de transporte
Versehen n oversight; erreur; error

Verlust m loss; perte; pérdida
entschädigen für make up for; dédommager de; indemnizar por
anweisen[1] order; donner ordre; dar orden
anweisen[2] remit; verser; transferir, girar

Regulierung f regulation, settlement; règlement; arreglo

45. Bitte um Auskunft über eine Firma

Lyon, 22.11...

Westdeutsche Creditbank AG
Postfach 13 48

D-50123 Köln

Bitte um Auskunft

Sehr geehrte Damen und Herren,

das Kommissionshaus Rüdiger & Wendel in Köln, Maria-Hilf-Straße 16, möchte unsere Generalvertretung für

Auskunft f information; renseignement; referencia
Kommissionshaus n commission merchant; maison de commission; casa de comisión
Generalvertretung f general agency; représentation générale; representación general

76

Seidenstoffe in der Bundesrepublik Deutschland übernehmen und hat Sie als Referenz angegeben.

Nach eigenen Angaben hat das Unternehmen eine solide finanzielle Basis und macht große Geschäfte in verschiedenen Branchen. Wenn das zutrifft, sind wir bereit, ein Konsignationslager im Wert von rund 150 000 DM zur Verfügung zu stellen.

Da wir bisher keine Beziehungen zu dieser Firma gehabt haben, bitten wir Sie, uns ein paar Hinweise zu geben:

— Wie sind die Vermögensverhältnisse dieser Firma?

— Welchen Ruf hat sie?

— Wie werden die leitenden Mitarbeiter eingeschätzt?

— Können wir ohne besondere Sicherheiten einen Vorschuß in der genannten Höhe einräumen?

Für eine Auskunft, die wir selbstverständlich vertraulich behandeln, wären wir Ihnen sehr dankbar.

Mit freundlichen Grüßen

Audebert & Cie.

Seidenstoff m silk (fabric od. cloth); soierie; (tejido de) seda
Referenz f reference; référence; referencia

nach eigenen Angaben according to their own statement; d'après leurs renseignements; según indicaciones propias
finanzielle Basis financial basis; base financière; base económica
Konsignationslager n consignment stock; (dépôt de) consignation; depósito de consignación
zur Verfügung stellen place at s.o.'s disposition; mettre à la disposition de; poner a la disposición de alg.

Vermögensverhältnisse n/pl. financial standing, status; situation financière; situación financiera
Ruf m reputation; réputation; reputación

leitender Mitarbeiter executive; cadre; dirigente, gerente

Sicherheit f security; sûreté; garantie; garantía
Vorschuß m advance payment; avance; adelanto, anticipo

vertraulich confidential; confidentiel; confidencial

46. Günstige Auskunft

H. Hembeck & Söhne
Herrn H. Hembeck
Postfach 45 68

D-14053 Berlin

Ihre Anfrage vom 04.04...
Auskunft   Vertraulich!

Sehr geehrter Herr Hembeck,

die erwähnte Firma hat einen guten
Ruf, der begründet ist durch ihre
umfangreichen Import- und Exportge-
schäfte sowie ihre Zahlungsmoral.
Sie besitzt am Hafenkai eine Reihe
Büroräume, hat Lagerhäuser in Algier, Oran und Constantine und ist
personell gut besetzt.

Die Firma importiert besonders Autoersatzteile, Autozubehör und Maschinen mittlerer Größe. Ihr Export
erstreckt sich auf fast alle Landes-
produkte.

Die Inhaber, die seit etwa 20 Jahren
hier leben, verfügen über ein beträchtliches Kapital. Ihr Guthaben
bei uns steigt seit 5 Jahren ständig,
so daß wir ihnen den erwähnten Kredit einräumen würden.

Wir gehen davon aus, daß Sie unsere
Auskunft, die wir unverbindlich geben, vertraulich behandeln werden,
und wir freuen uns, wenn wir Ihnen
damit behilflich sein konnten.

Mit freundlichem Gruß

Banque Française
de la Méditerranée

günstige Auskunft favo(u)rable information; renseignement favorable; informe favorable
vertraulich confidential; confidentiel; confidencial
einen guten Ruf haben have a good reputation; avoir bonne réputation; tener una buena reputación
begründet durch established by, based on; fondé; basado
Zahlungsmoral f paying habits; habitudes de paiement; costumbres de pago
Büroräume m/pl. office accommodation; bureaux; oficinas
Lagerhaus n warehouse; entrepôt; almacén
Autoersatzteile n/pl. automobile spare parts; pièces détachées automobiles; piezas de repuesto para automóviles
Autozubehör n automobile accessories; accessoires d'automobile; accesorios de automóvil
mittlerer Größe of medium size; de taille moyenne; tamaño medio
sich erstrecken auf extend to; s'étendre à; extenderse a
Landesprodukt n native product; production nationale; producto nacional
Inhaber m owner; propriétaire; proprietario
Guthaben n account, sum on deposit; avoir; haber
Kredit einräumen grant a loan; consentir un crédit; dar (od. conceder) un crédito
unverbindlich not binding; sans garantie; sin garantía

47. Ungünstige Auskunft

Helsingfors, 15.10...

Axel Lindström & Co.
Herrn Axel Lindström
Hamngatan 244

S-602 20 Norrköpping

Auskunft
Ihre Anfrage vom 10.10...

Sehr geehrter Herr Lindström,

die Firma, über die Sie Auskunft haben möchten, ist eine kleine Sägemühle. Sie beschäftigt fünf oder sechs Mitarbeiter. Die wenigen Maschinen sind zum Teil veraltet.

Eine sehr dünne Kapitaldecke zwingt die Inhaber zwar öfter, Zahlungsaufschub zu erbitten; da sie aber als ehrliche Kaufleute gelten, halten wir einen beschränkten Kredit für vertretbar.

Bitte behandeln Sie diese für uns unverbindliche Auskunft als vertraulich.

Mit freundlichem Gruß

Landbank Norrköpping

ungünstige Auskunft unfavo(u)rable information; renseignement défavorable; informe desfavorable
Sägemühle f saw mill; scierie; aserradero

Mitarbeiter m employee; employé; empleado

dünne Kapitaldecke low amount of capital; petite couverture en capitaux; pequeña capa de capital
Zahlungsaufschub m extension of payment; délai de paiement; moratoria
beschränkter Kredit limited loan; crédit limité; crédito limitado

48. Reaktion auf eine unberechtigte Zollstrafe

Hamburg, 15.07...

Monsieur le Chef de
l'Administration des Douanes

Cayenne

Guayana

Zollstrafe

Sehr geehrte Herren,

unser Kunde Darles & Tauvel hat uns darüber informiert, daß Sie das Gewicht der Fracht D. T. 1/82 = 66 Faß Gips beanstandet haben. Die Fässer kamen mit der „Minden".

Wir können uns diese Beanstandung nicht erklären. Die Sendung ist vom Lieferanten auf automatischen Präzisionswaagen gewogen worden, und das Ergebnis stimmt mit dem Gewicht überein, das die Reederei vor Verschiffung der Fracht festgestellt hat. Falls sich nun eine Differenz ergibt, so kann sie nur daher kommen, daß der Gips infolge des Klimawechsels Feuchtigkeit aufgenommen hat.

Damit Sie unsere Angaben überprüfen können, haben wir der Firma Darles & Tauvel die Originalgewichtsnoten zugesandt, mit der Bitte, sie Ihnen zu geben. Sie werden erkennen, daß die Erklärung gewissenhaft und genau abgegeben worden ist und daß für die Gewichtserhöhung niemand verantwortlich gemacht werden kann.

unberechtigt unjustified; injustifié; injustificado
Zollstrafe f customs fine; amende douanière; multa aduanera

Gewicht n weight; poids; peso
Fracht f freight; fret; flete
Gips m gypsum; plâtre; yeso
beanstanden find fault with; contester; poner reparos
Präzisionswaage f precision scales; balance de précision; balanza de precisión
Reederei f shipping-company; société d'armateurs; compañía naviera
Verschiffung f shipment; embarquement; embarque
Klimawechsel m change of climate; changement de climat; cambio de clima
Feuchtigkeit f moisture; humidité; humedad
Originalgewichtsnoten f/pl. original weight notes; notes (spécifications) originales de poids; notas originales de peso
Erklärung abgeben make a declaration; faire une déclaration; hacer una declaración
Gewichtserhöhung f increase in weight; augmentation de poids; subida de peso
verantwortlich machen hold responsible; rendre responsable; hacer responsable

Unter Berücksichtigung dieser Umstände wird es Ihnen sicherlich möglich sein, die Zollstrafe zu streichen. Im voraus vielen Dank für Ihre wohlwollende Prüfung.

Mit freundlichem Gruß

Friedrich Lehmann & Co.

streichen cancel; annuler; anular, cancelar
wohlwollend benevolent; bienveillant; benévolo

49. Erste Mahnung

Bremen, 15.07. ...

Gala & Cordon
rua da Madalena, 35

Lissabon

Portugal

Kontostand

Mahnung f reminder; rappel; recordatorio
Kontostand m balance; solde de compte; saldo

Sehr geehrte Damen und Herren,

seit längerer Zeit weist Ihr Kontostand bei uns einen Minusbetrag auf, insgesamt:

Minusbetrag m deficit; découvert, déficit; debe, déficit

135 603 Escudos

Haben Sie die Kopien der Kontoauszüge, die wir Ihnen geschickt haben, nicht erhalten? Wir fügen noch einmal Kopien bei und erwarten in der nächsten Woche Ihre Zahlung.

Kontoauszug f statement of account; relevé de compte; extracto de cuenta

Bitte bedenken Sie, daß der Zinsverlust einen wesentlichen Teil unseres kleinen Gewinns schnell aufzehrt. Im

Zahlung f payment; paiement; pago
Zinsverlust m loss of interest; perte d'intérêts; pérdida de intereses
Gewinn m profit; bénéfice; beneficio

voraus besten Dank für Ihr Verständnis und Ihre Überweisung.

Mit freundlichen Grüßen

W. Schwenke & Co.

Verständnis n understanding; compréhension; comprensión
Überweisung f remittance; versement; transferencia

50. Zweite Mahnung

Bremen, 28.07...

Gala & Cordon
rua da Madalena, 35

Lissabon

Portugal

Unsere Rechnungen Nr. 429 und 515 vom 12. und 22.05...

Mahnung f reminder; rappel; reclamación
Rechnung f invoice; facture; factura

Sehr geehrte Damen und Herren,

finanzielle Engpässe gibt es in jedem Geschäft einmal. Was es nicht geben sollte, ist der Abbruch des Gesprächs miteinander. Wenn Schwierigkeiten entstehen, ist es vernünftig, miteinander zu reden. So läßt sich am leichtesten ein Ausweg finden.

finanzieller Engpaß financial squeeze; période financière difficile; apuro financiero

Unsere Rechnungen an Sie machen uns zur Zeit Kopfzerbrechen, denn − Sie antworten nicht. Bitte überweisen Sie den Schuldbetrag von

Esc. 135 603

bis zum 10.08... Wenn das Geld bis dahin nicht auf unserem Konto ein-

Kopfzerbrechen machen give s.o. a headache; donner de l'inquiétude; proporcionar quebraderos de cabeza
Schuldbetrag m amount due; montant de la dette; importe de la deuda
auf dem Konto eingehen be credited on account; être versé à notre compte; entrar en la cuenta

gegangen ist, nehmen wir an, Sie sind damit einverstanden, daß wir über diese Summe zuzüglich Esc. 250 für Inkassospesen eine Sichttratte auf Sie ziehen.

Inkassospesen pl. collection expenses; frais de recouvrement; gastos de reembolso
Sichttratte f sight draft; traite à vue; letra a la vista

Mit freundlichem Gruß

W. Schwenke & Co.

51. Dritte Mahnung

Bremen, 15.08...

Gala & Cordon
rua da Madalena, 35

Lissabon

Portugal

Unsere Rechnungen 429 und 515 vom 12. und 22.05...

Mahnung f reminder; rappel; reclamación
Rechnung f invoice; facture; factura

Sehr geehrte Damen und Herren,

Sie haben unsere am 28.07... angekündigte Sichttratte über Rechnungsbeträge von insgesamt Esc. 135 603 + Esc. 250 Inkassospesen nicht eingelöst. Wir haben auch keinerlei Nachricht von Ihnen erhalten. So bleibt uns nur der Rechtsweg.

Diesen Weg werden wir gehen, wenn wir die geschuldete Summe bis zum 25.08... nicht erhalten haben.

Mit freundlichem Gruß

W. Schwenke & Co.

ankündigen announce; annoncer; anunciar
Sichttratte f sight draft; traite à vue; letra a la vista
Rechnungsbetrag m invoiced amount; montant de la facture; importe de la factura
Inkassospesen pl. collection expenses; frais de recouvrement; gastos de reembolso
Rechtsweg m legal action; voie de droit; vía judicial
geschuldete Summe amount owed; somme dûe; importe debido

52. Beantwortung einer Mahnung

Valenciennes, 24.08...

Albert Richter & Sohn
Herrn Albert Richter
Adlerstraße 16/17

D-44137 Dortmund

Ihr Brief vom 22.08...

Sehr geehrter Herr Richter,

Ihre Forderung von 2 950 DM ist natürlich berechtigt, und ich bedaure sehr, daß ich noch nicht zahlen konnte.

Im letzten Monat mußte ich meine Fabrik wegen eines großen Metallarbeiterstreiks für drei Wochen schließen. Die Folge: ein beträchtlicher Schaden. Ich geriet mit meinen Lieferungen in Rückstand, das wiederum verzögerte die Zahlungen. Dazu kam der Konkurs eines Kunden in Maubeuge – für uns ein großer Verlust, weil die Konkursmasse fast nichts ergab.

Aber nun ist der Streik vorbei, und meine Fabrik arbeitet wieder auf vollen Touren. Deshalb kann ich Ihnen versprechen, daß Ihre Rechnung bis zum 31.10... mit Sicherheit beglichen wird. Würden Sie die Zahlungsfrist bis zu diesem Termin verlängern?

Es liegt mir viel daran, diese Sache so schnell wie möglich ordentlich zu regeln. Aber Sie haben sicherlich auch Verständnis für meine augen-

Forderung f claim; créance; crédito
berechtigt justified; justifié; justificado

Metallarbeiterstreik m metalworkers' strike; grève des ouvriers de la métallurgie; huelga de obreros metalúrgicos
Schaden m damage; préjudice; daño
in Rückstand geraten get behind; prendre du retard; caer en retraso
verzögern delay; retarder; atrasar
Zahlung f payment; paiement; pago
Konkurs m bankruptcy; faillite; quiebra
Verlust m loss; perte; pérdida
Konkursmasse f bankrupt's estate; masse de la faillite; activo de la quiebra
auf vollen Touren at full blast; de toutes ses forces; a toda máquina
Zahlungsfrist f term of payment; délai de paiement; plazo de pago
Termin m date; date; fecha

blickliche Situation – durch Umstände verursacht, die ich nicht beeinflussen konnte. Ich hoffe auf Ihr
Entgegenkommen und werde Ihr Vertrauen nicht enttäuschen.

Vertrauen n confidence;
confiance; confianza

Mit freundlichem Gruß

Louis Masson

53. Verweisung eines beschwerdeführenden Kunden an die Reederei

Hamburg. 20.05...

Messieurs Dujardin & Delfosse
24, Robinson Road

Singapore

Ihr Auftrag 368 vom 04.05...
Ihr Brief vom 26.04...

Sehr geehrte Herren,

wir bedauern, daß bei der Auslieferung der Ware von 2 700 Blechen 63
fehlten. Die Verantwortung für diese
Fehlmenge trägt die Reederei.

Entgegen Ihrer Vermutung gab es in
Rotterdam kein strittiges Frachtgut. Bei der Anbordnahme war die Ware
vollständig; eine beglaubigte Kopie
unserer Empfangsbestätigung fügen
wir bei. Da die Reederei keinen Fehlvermerk in das Konnossement eingetragen hat, ist der Kapitän des
Schiffes für die in der Urkunde angegebene Menge verantwortlich.

Die Angelegenheit muß an Ort und
Stelle zwischen dem Inhaber des

beschwerdeführend com-
plaining; déposant une
plainte; reclamante
Kunde m customer; client;
cliente
Reederei f shipping-company; société d'arma-
teurs; compañía naviera
Auslieferung f delivery; livraison; entrega
Bleche n/pl. metal sheets;
tôles; chapas
Fehlmenge f deficit, defi-
ciency; quantité man-
quante; merma
strittig controversial; liti-
gieux; litigioso
Frachtgut n cargo; fret;
carga
Anbordnahme f when taken
aboard; réception à bord;
recepción a bordo
beglaubigt certified; certifié
conforme; legalizado
Empfangsbestätigung f receipt; accusé de récep-
tion; acuse de recibo
Fehlvermerk m note of
missing quantity; remar-
que de quantité man-
quante; nota sobre la
cantidad que falta
Konnossement n bill of lading; connaissement; co-
nocimiento de embarque

85

Konnossements und dem Vertreter der Schiffahrtsgesellschaft geregelt werden. Ein Eingreifen von uns würde nichts bewirken. Wir sind aber auch sicher, daß Sie bei dieser klaren Rechtslage die Sache schnell zu Ihren Gunsten entscheiden.

Rechtslage f legal position; situation juridique; situación jurídica
zu Ihren Gunsten in your favo(u)r; en votre faveur; en favor de Vd (s).

Mit freundlichem Gruß

Otto Hinsch

Anlage

54. Verweisung eines beschwerdeführenden Kunden an den Versicherer

Osnabrück, 12.06...

Messieurs
Droledot & Acyuaviva
24, rue Averoff

Alexandrie

Egypte

Ihr Auftrag Nr. 689 vom 12.05...
Ihr Brief vom 05.06...

Sehr geehrte Herren,

wir bedauern mit Ihnen, daß die Kisten beschädigt angekommen sind und ein Teil des Inhalts gestohlen worden ist.

Es war gut und richtig, den Schaden sofort der Versicherung zu melden und ihn durch deren Vertreter feststellen zu lassen. Dieser Weg ist nun aber auch weiterhin zu gehen.

beschwerdeführend complaining; déposant une plainte; reclamante
Kunde m customer; client; cliente
beschädigt damaged; endommagé; dañado
gestohlen stolen; volé; robado
Schaden m damage; dommage; daño
Versicherung f insurance company; compagnie d'assurances; compañía de seguros
melden report; signaler; avisar

86

Da das im Konnossement und im Bordempfangsschein angegebene Gewicht genau mit dem auf der Rechnung übereinstimmt und auch keine Verpakkungsbeschädigung eingetragen ist, sind wir für den Schaden nicht haftbar. Wir senden Ihnen deshalb hiermit das uns übermittelte Schadenzertifikat zurück; Sie brauchen es für die Versicherung, die den Schaden zu regulieren hat.

Mit freundlichem Gruß

Helmers & Co.

Anlage

Konnossement n bill of lading; connaissement; conocimiento de embarque
Bordempfangsschein m mate's receipt; reçu de bord; recibo de bordo
Verpackungsbeschädigung f damage to packing; endommagement de l'emballage; daños del embalaje
haftbar liable; responsable; responsable
Schadenzertifikat n certificate of damage; certificat d'avarie; certificado de avería
den Schaden regulieren settle the loss; régler le cas d'assurance; indemnizar por los daños

55. Beantwortung einer Beschwerde über zu hohe Preise

Berlin, 25.02...

Messrs.
A. und E. Chapoteau
P.O.B. 177

Port-au-Prince

Haiti

Preisgestaltung
Ihr Brief vom 16.02...

Sehr geehrte Herren,

wenn Sie ausschließlich Preise vergleichen, haben Sie recht: unsere Präzisionsinstrumente liegen preislich etwas über einigen Konkurrenzprodukten. Aber Sie wissen natürlich, daß der Preis allein nicht aussagefähig ist, sondern immer im Zu-

Beschwerde f complaint; réclamation; reclamación
Preisgestaltung f pricing; formation des prix; formación de precios
Präzisionsinstrument n precision instrument; instrument de précision; instrumento de precisión
preislich über ... liegen to be above the price of ...; être d'un prix plus élevé que ...; tener precios más elevados que ...
Konkurrenzprodukt n competitive product; produits de la concurrence; producto de competencia
aussagefähig meaningful; signifiant; significativo

sammenhang mit der Qualität gesehen werden muß.

Sie hatten bei Ihrer ersten Anfrage betont: „Wir legen großen Wert auf besonders gute Ausführung." Genau daran haben wir uns gehalten. Bitte prüfen Sie einmal unsere Instrumente in dieser Beziehung, zum Beispiel die Nahtstellen und die Verchromung. Dazu kommt die Härte des bei uns verwandten Stahls, der nach einem patentierten Verfahren hergestellt wird. Wir sind davon überzeugt, daß Ihre Beurteilung nach einer solchen Prüfung zu unseren Gunsten ausfällt.

gute Ausführung good execution, quality; bonne qualité; buena calidad

Nahtstelle f seam, joint weld; point de soudure; soldadura
Verchromung f chromeplating; chromage; cromado
Härte f hardness; dureté; dureza
patentiertes Verfahren patented process; procédé breveté; procedimiento patentado

Dies muß man den Interessenten selbstverständlich auch deutlich machen: damit Sie für Ihre Kaufentscheidungen handfeste Gründe haben.

Kaufentscheidung f buying decision; décision d'acheter; decisión de comprar

Um Ihnen die Argumentation zu erleichtern, fügen wir einen Bericht unserer Forschungsabteilung bei, außerdem ein Merkblatt, in dem die Qualitätsmerkmale unserer Erzeugnisse in Kurzform zusammengestellt sind.

die Argumentation erleichtern facilitate the reasoning; faciliter l'argumentation; facilitar la argumentación
Forschungsabteilung f research department, research division; section de recherches; sección de investigación
Merkblatt n memorandum; feuille de renseignements; hoja informativa
Qualitätsmerkmal n sign of quality; signe de qualité; característica de calidad
in Kurzform in short form; brièvement; en breve

Wenn Sie dazu noch Fragen haben: Wir stehen Ihnen gern mit weiteren Auskünften zur Verfügung.

Freundliche Grüße

Heinrich Günther & Sohn

Anlagen

56. Bericht eines Vertreters über Beanstandung einer Ware und Arbitragemeldung

Hamburg, 10.11...

Mr Reginald C. F. Jones
Colonial Produce Merchant
P.O.B. 63

Belize

Belize

Beanstandung der Lieferung M. B. 100 Sack Kaffee mit S. S. „Malta" für Alfred Müller & Co., Bremen

Sehr geehrter Herr Jones,

die Firma Müller & Co. war mit der Qualität dieser Lieferung nicht zufrieden, weil der Kaffee starke Farbabweichungen zeigt.

Wie ist dies zu erklären? Ist der enthülste Kaffee vielleicht nach dem Verlassen der Maschine sofort in Säcke geschüttet worden?

Obwohl ich natürlich Ihre Interessen vertrete, konnte ich die Beanstandung des Kunden nicht von der Hand weisen. Da ich die Mängel schon festgestellt hatte, als ich die Verschiffungsmuster prüfte, habe ich diese Muster vorsorglich gar nicht erst an den Kunden weitergegeben.

Herr Walther Müller, mit dem ich die Sache freundschaftlich beilegen wollte, war dazu nicht zu bewegen. Er hat sofort einen Schiedsspruch beantragt. Das Ergebnis: Der gelie-

Beanstandung f objection; réclamation; reclamación
Arbitragemeldung f arbitrage report; signalement d'arbitrage; aviso de arbitraje

Farbabweichung f deviation in colour; divergence de couleur; divergencia de color
enthülsen shell; écosser; descascar

von der Hand weisen reject, deny; repousser; rehusar
Mangel m defect; défaut; defecto
Verschiffungsmuster n samples shipped (to be shipped); échantillon d'embarquement; muestra de embarque
vorsorglich as a precaution; par précaution; por precaución
freundschaftlich beilegen settle in a friendly way; régler à l'amiable; arreglar amigablemente
Schiedsspruch m arbitration; arbitrage; arbitraje
beantragen file a petition for; demander; solicitar

ferte Kaffee wird im Vergleich zu dem
regulären Typ um 40 p. niedriger be-
wertet. Diese große Preisdifferenz
ist in erster Linie auf die schon erwähnte ungewöhnliche Farbabweichung
zurückzuführen, die den Verkauf des
Kaffees erschwert. Außerdem wurden
Unterschiede in der Größe der Bohnen
festgestellt.

niedriger bewerten set a
lower value; estimer plus
bas; valorar más bajo

Der so entstandene materielle Schaden ist zwar unangenehm, aber
schlimmer ist der Vertrauensschwund, der entstehen kann, zumal
wenn Qualitätsmängel durch Schiedsspruch bekannt werden. Ich muß Sie
deshalb – in unser beider Interesse
– dringend bitten, für markengerechte Lieferung zu sorgen. Wenn wir auf
dem Bremer Markt unseren guten Ruf
erhalten wollen, darf eine ähnliche
Panne nicht noch einmal passieren.

Vertrauensschwund m loss
of confidence; perte de
confiance; pérdida de
confianza

markengerechte Lieferung
shipment conforming
with the brand; livraison
conforme à la marque;
entrega conforme con la
marca
Panne f mishap; erreur;
inadvertencia

Freundliche Grüße

Artur Werner

57. Versandanzeige über Konsignationssendung

Mönchengladbach, 23.02...

Mr I. C. Summerfield
56, Hyderabad Road

Bombay

Indien

Ihr Auftrag Nr. 22 vom 08.02...
Versandanzeige   Konsignationssendung

Versandanzeige f advice of
dispatch; avis d'expédi-
tion; aviso de expedición
Konsignationssendung f
consignment; envoi en
consignation; envío en
consignación

90

Sehr geehrter Herr Summerfield,

am 21.02... haben wir mit der „Acadia" von Antwerpen eine Konsignationssendung über

6 Kisten bedruckten Kattun

abgeschickt. Dazu erhalten Sie hiermit:

Konnossement in 3facher Ausfertigung

Versicherungspolice und Gewichtsaufstellung

Proformarechnung

Die Preise in der Proformarechnung sind die niedrigsten, zu denen Sie verkaufen dürfen.

Bitte übermitteln Sie uns die Nettoverkaufserlöse durch Schecks.

Mit freundlichem Gruß

Hermann Falbe Söhne

Anlagen

bedruckter Kattun printed calico; indienne; indiana

Konnossement n bill of lading; connaissement; conocimiento de embarque
in 3facher Ausfertigung (in) triplicate; (en) triple expédition; por triplicado
Versicherungspolice f insurance policy; police d'assurance; póliza de seguro
Gewichtsaufstellung f weight-note; déclaration de poids; declaración de peso
Proformarechnung f pro forma invoice; facture proforma, facture simulée; factura proforma
Nettoverkaufserlös m net proceeds; recette nette; producto neto

58. Anweisung über die Weiterverschiffung nicht abgesetzter Konsignationsware

Mönchengladbach, 02.04...

Mr I. C. Summerfield
56, Hyderabad Road

Bombay

Indien

Konsignationssendung
„Bedruckter Kattun" mit „Acadia"
Ihr Luftpostbrief vom 21.03...

Sehr geehrter Herr Summerfield,

vielen Dank für Ihre schnelle Benachrichtigung. Als Antwort kabel-
ten wir Ihnen am 23.03...:

„Verladen Sie am 27.03. Ihre 2
Kisten mit roten Taschentüchern
frachtfrei an Willoughby, 335,
Queen Street, Brisbane, Australien."

Wir hoffen, Sie haben die Kisten bereits abgeschickt. Herrn Willoughby
haben wir informiert.

Berechnen Sie uns bitte Ihre Aus-
lagen (mit genauer Aufstellung).

Mit freundlichem Gruß

Hermann Falbe Söhne

Anweisung f direction; directive; instrucción
Weiterverschiffung f reshipment; ré-embarquement; reexpedición
nicht abgesetzt unsold; non vendu; no vendido

Konsignationsware f consignment; marchandise consignée; mercancía de consignación

verladen ship; embarquer; embarcar

frachtfrei free of charge(s), freight and charges prepaid; fret payé; franco de flete

Auslagen f|pl. expenses; frais; gastos
mit genauer Aufstellung with detailed specification; avec une liste détaillée; con especificación detallada

59. Speditionsauftrag und Anfrage wegen Bevorschussung

Frankfurt, 26. 11...

```
James Wattson & Son
Herrn James Wattson
21, Millbay

Plymouth

England
```

Speditionsauftrag — Bevorschussung

Sehr geehrter Herr Wattson,

Sie erhalten für die Natal Handels-Gesellschaft Durban, fob Plymouth, von der South Wales State Quarning Co., Newport:

NTC 250 — 469 Durban — 220 Kisten Schiefertafeln, Bruttogewicht 2 950 kg, netto 1 620 kg, Maße je Kiste 2/1 x 105 x /11 ft.

Bitte verschiffen Sie die Ware so schnell wie möglich.

Den Rechnungsbetrag von £ 98.00 sollten Sie eigentlich vom Empfänger einziehen. Wir befürchten jedoch, daß dies zu lange dauern wird. Deshalb können wir Ihnen das Inkasso nur übertragen, wenn Sie bereit sind, uns einen Teil der Summe vorzuschießen. Falls Ihnen das nicht möglich ist, schicken Sie uns bitte die Konnossemente, damit wir einen Bankvorschuß beschaffen können.

Wir bitten Sie, uns schnell zu informieren. Danke.

Mit freundlichem Gruß

Drews & Linke

Speditionsauftrag m shipping order; ordre d'embarquement; orden de embarque
Bevorschussung f advance; paiement d'advance; adelanto

Schiefertafel f slateboard; ardoise; pizarra
Bruttogewicht n gross weight; poids brut; peso bruto
Maße n/pl. dimensions; dimensions; dimensiones
verschiffen ship; embarquer; embarcar
Rechnungsbetrag m amount of invoice; montant de facture; importe de la factura
einziehen collect; encaisser; cobrar
Inkasso n collection; encaissement; cobro
übertragen charge, entrust with; confier; confiar
vorschießen advance; avancer; adelantar
Konossement n bill of lading; connaissement; conocimiento de embarque
Bankvorschuß m bank loan; prêt bancaire; adelanto bancario

60. Lieferverzug

Stockholm, 30.11...

Luftpost

Reforma AG
Schuhfabrikation
Hauptstraße 19

D-66953 Pirmasens

Lieferverzug m default delivery; retard de livraison; demora en la entrega
Schuhfabrikation f shoe manufacturing; fabrication de chaussures; fabricación de zapatos

Unser Auftrag 294 vom 01.11...

Sehr geehrte Damen und Herren,

die 200 Paar Schuhe, die wir mit diedem Auftrag bestellt haben, sollten bis zum 25. 11... geliefert werden. Sie haben dem auch mit Ihrem Brief vom 04.11... zugestimmt.

Auftrag m order; ordre; orden

Als die Ware nicht pünktlich eintraf, haben wir nicht gleich gemahnt, weil wir Verzögerungen von Ihnen nicht gewöhnt sind. Jede weitere Verzögerung bedeutet für uns Verlust. Bitte sorgen Sie für sofortige Lieferung. Für den Fall, daß die Ware nicht bis zum 12.12... bei uns eintrifft, verzichten wir auf die Lieferung. Es wäre schade um unsere bisher so gute Geschäftsverbindung.

Verzögerung f delay; retard; retraso

Verlust m loss; perte; pérdida
sofortige Lieferung immediate delivery; livraison immédiate; entrega inmediata
verzichten auf renounce; renoncer à; renunciar a

Mit freundlichem Gruß

A. B. Nordista Kompaniet

61. Versicherungsauftrag

Hamburg, 18.05...

I. C. Raffin & Co.
Insurance Ltd.
31, St. Mary Axe

London

England

Versicherungsauftrag

Sehr geehrte Damen und Herren,

wir bitten Sie, die folgenden Waren im Wert von £ 1 450 gegen alle Gefahren zu versichern.

10 Pianos,
gekennzeichnet: I. P. B. 1

Die Pianos lagern zur Zeit im Speicher der St.-Katherinen-Docks und sind für Kapstadt bestimmt. Die „Kenilworth Castle", die am 21.05... in See geht, übernimmt die Fracht.

Bitte schicken Sie uns so schnell wie möglich die Versicherungspolice. Danke.

Mit freundlichem Gruß

Hamburger Klavierfabrik GmbH
vorm. Gebr. Lange & Co.

Versicherungsauftrag m application for an insurance; ordre d'assurance; orden de seguro

gegen alle Gefahren against all risks; contre tous les risques; contra todos los riesgos
versichern insure; assurer; asegurar
gekennzeichnet marked; marqué; marcado

lagern be warehoused, stored; être en magasin; estar almacenado
Speicher m warehouse, storehouse; magasin; almacén
in See gehen sail, to put to sea; appareiller; salir
Fracht f freight; fret; flete

Versicherungspolice f insurance policy; police d'assurance; póliza de seguro

62. Ernennung eines Schiedsrichters

Calais, 27.04...

Scott & Laforge
P.O.B. 48 37

Montreal

Kanada

Ernennung zum Schiedsrichter

Sehr geehrte Herren,

wir haben mit der Bird, Prévost & Co.
in Ihrer Stadt Schwierigkeiten wegen einer Tüllieferung. Da diese
Firma ein Schiedsurteil verlangt,
bitten wir Sie, die Aufgabe zu übernehmen.

Der Sachverhalt:

Wir haben aufgrund von 5 Mustern geliefert. Sie erhalten hiermit ein
Stückchen von jedem Muster und je
ein Muster der gelieferten Waren.
Beim Vergleichen werden Sie sehr
kleine Unterschiede feststellen.

Der Besteller will sich aufgrund der
geringfügigen Differenzen der Bestellung entziehen. Ein Sachverständiger unserer Stadt sagt jedoch,
daß die Abweichungen die üblichen
Grenzen nicht überschreiten.

Wir halten dies für eine willkür-
liche Reklamation und vermuten, daß
der wirkliche Grund dafür eine inzwischen eingetretene Preissenkung
ist.

Ernennung f appointment;
nomination; nombra-
miento
Schiedsrichter m arbitrator;
arbitre; árbitro

Tüllieferung f tulle shipment; livraison de tulle;
suministro de tul
Schiedsurteil n arbitration;
arbitrage; arbitraje

Sachverhalt m state of
affairs; situation; situación
Muster n sample; échan-
tillon; muestra

sich entziehen evade, go
back on; se soustraire à;
sustraerse a
Sachverständiger m expert;
expert; experto
Abweichung f deviation,
discrepancy; différence;
diferencia
übliche Grenze customary
limits; limite habituelle;
límite común
willkürlich arbitrary; arbi-
traire; arbitrario
Reklamation f complaint;
réclamation; reclama-
ción

Wir bitten Sie, sich in unserem Namen mit der reklamierenden Firma und deren Sachverständigen in Verbindung zu setzen und die Situation zu klären. Im voraus besten Dank für Ihre Bemühung.

sich in Verbindung setzen mit contact s.o.; prendre contact avec; ponerse en contacto con

Bemühung f efforts; services; molestias

Mit freundlichem Gruß

Laplanche & Vilmin

10 Anlagen

63. Auftrag zur Ausübung einer Warenarbitrage

Antwerpen, 05.12...

Voisin Sanson & Co.
Herrn Peter Sanson
111, Cotton Exchange Building

Liverpool

England

Auftrag zur
Ausübung einer Warenarbitrage

Sehr geehrter Herr Sanson,

wir haben an die Firma Jeanneret et Flavigny in Rouen verkauft:

100 Ballen IWAZ 1 – 100 = 100 Ballen Baumwolle, gute Mittelsorte,

vom Schiff „North Star", cif Le Havre, Liverpooler Arbitrage zu den Bedingungen des Vertrages 14 des Liverpooler Baumwollhändlervereins.

zur Ausübung for performing; pour exercice; para la ejecución
Warenarbitrage f arbitrage of goods; arbitrage de marchandises; arbitraje de mercancías
Ballen m bale; balles; bala
Baumwolle f cotton; coton; algodón
Mittelsorte f medium quality; qualité moyenne; calidad media
Vertrag m contract;contrat; contrato
Baumwollhändlerverein m association of cotton dealers; association des marchands de coton; asociación de comerciantes de algodón

Die Käufer haben für diese Sendung Abschätzung beantragt und die Arbitragemuster versiegelt an die Firma Lawson & Wheeler in Liverpool gesandt.

Wir bitten Sie, unsere Interessen zu vertreten und uns so bald wie möglich das Ergebnis des Schiedsspruches mitzuteilen. Uns ist daran gelegen, mit der Gegenpartei zu einer Verständigung zu kommen.

Im voraus vielen Dank für Ihre Bemühungen.

Mit freundlichem Gruß

Leclercq & Beukenne

Abschätzung beantragen petition for arbritation; demander l'arbitrage; pedir el arbitraje
Muster n sample; échantillon; muestra
versiegeln seal; cacheter; sellar
Interessen vertreten see to s.o.'s interests; représenter; defender los intereses
Schiedsspruch m arbitration; arbitrage; arbitraje
Gegenpartei f the other party; partie adverse; parte contraria
Verständigung f agreement, settlement; accord; arreglo, acuerdo

64. Gewichts- und Bemusterungskontrolle

Bremen, 11.04...

Société d'Entreposage
et de Surveillance
74, rue Anatole France

F-76610 Le Havre

Auftrag für eine Gewichts- und Bemusterungskontrolle

Gewichtskontrolle f weight control; contrôle de poids; control de peso
Bemusterungskontrolle f supervision of the sampling; contrôle de l'échantillonnage; control de muestras

Sehr geehrte Herren,

wir erwarten mit dem Schiff „Oakman" in Le Havre

MBC 1 — 50 = 50 Ballen Baumwolle ca. 10 000 kg

Ballen m bale; balles; bala
Baumwolle f cotton; coton; algodón

aus Houston (Texas) und bitten Sie,

für uns die Gewichts- und Bemusterungskontrolle durchzuführen.

Die Ware ist verkauft cif Le Havre an Vanderlinden & Co, in Rotterdam; bitte setzen Sie sich mit der Firma in Verbindung.

sich in Verbindung setzen mit contact s.o.; prendre contact avec qn.; ponerse en contacto con

Sorgen Sie bitte dafür, daß wie üblich aus jedem Ballen ein Ausfallmuster gezogen wird. Da der Lieferant für uns neu ist, möchten wir 10 Muster haben (Postweg).

Ausfallmuster n outturn sample; échantillon de comparaison; muestra de prueba

Achten Sie bitte darauf, daß die Ware nicht zu feucht ist, damit der Empfänger das Gewicht nicht mit dieser Begründung anfechten kann.

Lieferant m supplier; fournisseur; suministrador
Postweg m by mail; par la poste; por correo
Empfänger m receiver, consignee; destinataire, réceptionnaire; consignatario

Wir erwarten Ihren Kontrollbericht und die Gewichtsnota so bald wie möglich. Ihre Rechnung fügen Sie bitte gleich bei.

Begründung f grounds, argument; argument; porqué, motivo
anfechten contest; contester; impugnar
Kontrollbericht m control report; rapport de contrôle; informe de control
Gewichtsnota f weight note; spécification de poids; nota de peso

Mit freundlichem Gruß

Noack & Peters

65. Auftrag zur Analyse einer Warenprobe

Köln, 19.03...

Laboratoires van Dongen
16, marché aux Poulets

B-1180 Brüssel 18

Analyse einer Warenprobe

Warenprobe f sample; échantillon; muestra

Sehr geehrter Herr van Dongen,

wir haben die Firma Desguin & Beernaert, Antwerpen, beauftragt, Ihnen aus einer Lieferung von 100 t Knochenmehl einige Proben zu senden. Bitte analysieren Sie diese Proben, und schicken Sie die Rechnung mit Ihrem Analysebericht (2fach) an die Firma:

Desguin & Bernaert
36, rue de Rivoli

B-2030 Antwerpen. 3

Die Proben, die Sie bekommen, müssen das Siegel von Desguin & Beernaert tragen. Die Ware muß mindestens 4 % Stickstoff und 20 % Phosphorsäure enthalten.

Wenn Sie noch Informationen brauchen: Wir stehen Ihnen gern zur Verfügung.

Mit freundlichem Gruß

Schirmer & Pursch

beauftragen charge to, commission; charger; encargar
Knochenmehl n bone powder, bone dust; poudre d'os; huesos en polvo
Probe f sample; échantillon; muestra
Analysebericht m analysis report; rapport d'analyse; informe de análisis
2fach in duplicate; en double exemplaire; en duplicado

Siegel n seal; cachet; sello

Stickstoff m nitrogen, azote;azote;nitrógeno,ázoe
Phosphorsäure f phosphoric acid; acide phosphorique; ácido fosfórico

66. Dienstleistungsangebot eines ausländischen Vertreters

Wien, 14.02...

Schmitz & Conrad
Sektkellerei
Rheinstraße 16

D-65185 Wiesbaden

Bewerbung als Generalvertreter für Österreich

Dienstleistungsangebot n service offer; offre de services; oferta de servicios
Bewerbung f application; demande d'emploi; solicitación
Generalvertreter m general agent; agent général; representante general

Sehr geehrte Herren,

auf der letzten Gastronomie-Messe in Berlin habe ich ausführlich mit Ihrem Herrn Pfeiffer gesprochen und mich für eine Zusammenarbeit interessiert.

Wie Sie aus meinem Briefkopf ersehen, vertrete ich eine Reihe namhafter Weinkellereien und Spirituosenhersteller, aber noch keine bekannte Sektkellerei. Allein für die Firma Carignan & Fils, Bordeaux, habe ich im letzten Jahr 3 000 Originalflaschen und 55 Faß abgesetzt.

Ich arbeite seit 19.. in dieser Branche und gehöre zu den besteingeführten Vertretern bei den Großabnehmern in Österreich. Einige Referenzen (außer den im Briefkopf genannten):

— Meyer & Söhne, Koblenz

— Pfleiderer & Co, Würzburg

— Rudolf Friese & Co, Wien

— Wiener Bankverein

Ich bin davon überzeugt, daß ich auch für Ihre Erzeugnisse einen guten Umsatz erreichen kann. Würden Sie mir die Generalvertretung Ihrer Schaumweine für Österreich übertragen? Wenn ja, komme ich gern zu Ihnen nach Wiesbaden, um die Einzelheiten mit Ihnen zu besprechen.

Mit freundlichen Grüßen

Werner Gruber

Gastronomie-Messe f gastronomy fair; foire (exposition) de la gastronomie; feria de la gastronomía

namhaft renowned; réputé; renombrado
Weinkellerei f winery; cave; bodega
Spirituosenhersteller m producer of spirits; fabricant de spiritueux; fabricante de bebidas alcohólicas
Sektkellerei f champagne cellars; cave à vins champagnisés; bodega de champán
absetzen sell; débiter, vendre; vender
besteingeführt well-introduced; mieux introduit; mejor introducido
Großabnehmer m wholesale buyer, customer; gros acheteur; comprador al por mayor
Referenz f reference; référence; referencia

Umsatz m turnover; chiffre d'affaires; cifra de ventas

Schaumwein m champagne; vin champagnisé; vino espumoso

67. Bewerbung eines ausländischen Vertreters auf eine Zeitungsanzeige

Paris, 16.06...

Reimers & Kühn
Pharmazeutische Produkte
Personalabteilung
Hohe Straße 16

D-50667 Köln

Bewerbung
Ihre Anzeige im „Figaro" vom 15.06...

Bewerbung f application; candidature; solicitud
Anzeige f ad(vertisement); annonce; anuncio

Sehr geehrte Damen und Herren,

Sie suchen einen Verkaufsrepräsentanten für Ihre Erzeugnisse, der vielseitige Erfahrungen und Erfolge nachzuweisen hat. Ich glaube, daß ich Ihren Wünschen entsprechen kann, und bewerbe mich deshalb um diese Position.

Verkaufsrepräsentant m sales representative; représentant; representante
nachweisen furnish proof of; prouver; acreditar
sich bewerben um apply for; poser sa candidature à; solicitar

Seit vielen Jahren bin ich Handelsvertreter für eine Reihe ausländischer Firmen, unter anderem für die deutschen Unternehmen:

Handelsvertreter m sales representative; représentant; representante

— Ruhrglas-Instrumentenfabrik, Essen

— Humboldt & Co, Stuttgart („Fix"-Zahnpasta!)

— Schmidt und Weber, Mannheim, kosmetische Erzeugnisse

Dank fachkundiger Beratung, straffer Verkaufsorganisation und sorgfältig angelegter Werbung ist es mir

dank owing to; grâce à; gracias a, debido a
fachkundige Beratung expert advice; conseils d'experts; consejo competente
straffe Verkaufsorganisation strict sales organization; rigoureuse stratégie des ventes; organización de venta rígida
Werbung f public relations; publicité; publicidad

gelungen, die Produkte meiner Auftraggeber in Frankreich einzuführen und überdurchschnittliche Umsätze zu erzielen. Da Ihre Präparate „in der Nachbarschaft" meiner anderen Vertretungsbereiche liegen, rechne ich mir gute Chancen aus, auch für Sie erfolgreich zu sein.

Neben den erwähnten Firmen nenne ich als Referenzen:

- Crédit Lyonnais, Paris,

- Larsen & Co., Kopenhagen,

- Paduano & Rosetti, Turin.

Weitere Einzelheiten zu meiner Person und zu meinem Berufsweg finden Sie in dem anliegenden „Lebenslauf in Stichworten" und den beigefügten Zeugniskopien.

Sind Sie an meiner Mitarbeit interessiert? Ich wäre Ihnen dankbar, wenn Sie mir mit einer — wie ich hoffe — positiven Antwort schon einige nähere Informationen geben könnten (Kommissionssatz, Werbeunterstützung, Informationsmaterial usw.): damit ich mich vor einem persönlichen Gespräch schon konkret mit Ihren Wünschen und Vorstellungen befassen kann.

Mit freundlichem Gruß

Louis Ternois

Anlagen:
Lebenslauf
Zeugniskopien

Auftraggeber m client; client, commettant; comitente
Umsatz m turnover; chiffre d'affaires; cifra de ventas

Berufsweg m career; expérience professionnelle; carrera
Lebenslauf m *in Stichworten* curriculum vitae in tabular form; curriculum vitae court; curriculum vitae en designaciones abreviadas
Zeugniskopie f copy of certificate; copie de diplômes; copia de un certificado

Kommissionssatz m commission; pourcentage de commission; tipo de comisión
Werbeunterstützung f advertising support; aide pour la publicité; ayuda para la publicidad

68. Ernennung eines Überseevertreters

Hamburg, 11.10...

Russel & Fischer, Ltd.
P.O.B. 8320

Lagos

Nigeria

Überseevertretung
Ihr Brief vom 04.10...

Sehr geehrte Herren,

wir sind mit Ihren Vorschlägen einverstanden und ernennen Sie zu unserem Generalvertreter für Nigeria.

Wir verpflichten uns, alle Geschäfte mit diesem Land durch Sie abzuwikkeln. Sie verpflichten sich, unsere Interessen nach besten Kräften wahrzunehmen. Dabei sind Sie auch für Einstellungen von Untervertretern zuständig und verantwortlich.

Um Ihnen den Start zu erleichtern, senden wir Ihnen Muster im Wert von £ 35; die Muster bleiben jedoch unser Eigentum.

Bei der Einräumung von Krediten bitten wir besonders sorgfältig vorzugehen. Unsere Richtlinien fügen wir bei. Bitte schicken Sie uns in jedem Fall genaue Informationen über die Vermögensverhältnisse und den Ruf der Kundenfirma.

Alle Verkäufe finden statt auf der Grundlage: Dokumente gegen Akzept.

Überseevertretung f representation overseas; représentation d'outremer; representación de ultramar
Generalvertreter m general representative; représentant général; representante general
sich verpflichten engage o.s. to, commit o.s. to; s'engager; comprometerse
Geschäfte abwickeln conduct business; conclure des affaires; arreglar negocios
Interessen wahrnehmen safeguard s.o.'s interests; défendre les intérêts; defender intereses
Einstellung f employment; embauchage; contratación
zuständig sein be in charge of; être compétent; ser competente
Muster n sample; échantillon; muestra
Eigentum n property; proprieté; propiedad
Einräumung f von Krediten the granting of loans; consentement de crédit; concesión de créditos
Richtlinien f/pl. guidelines; directives; normas
Vermögensverhältnisse pl. financial status; situation de fortune, moyens financiers; situación financiera
Ruf m reputation; réputation; reputación
Dokumente gegen Akzept documents against acceptance; documents contre acceptation; documentos contra aceptación

104

Weitere Einzelheiten finden Sie in dem beigefügten Vertrag, dessen Kopie Sie bitte unterschrieben zurücksenden.

Wir freuen uns auf eine dauerhafte, erfolgreiche Zusammenarbeit.

dauerhaft lasting; durable; perdurable

Mit besten Grüßen

Kardorf & Winter

Anlage:
Vertrag

69. Kündigung eines Vertreters wegen ungenügender Leistung

28.11...

Herrn Emile Gamblin
198, boulevard Raspail

F-75001 Paris

Kündigung

Sehr geehrter Herr Gamblin,

wie Sie selbst wissen, hat unsere Zusammenarbeit nicht zu den erwarteten Erfolgen geführt. Im vergangenen Jahr haben Sie uns, alles in allem, etwas mehr als 20 Aufträge übermittelt, die insgesamt kaum 8 000 DM erreichen. Da die Aufträge aus vergleichbaren Gebieten und im gleichen Zeitraum zwischen 100 000 DM und 150 000 DM liegen, nehmen wir an, daß Sie an unserer Zusammenarbeit nicht ausreichend interessiert sind oder zu viele andere Belastungen haben.

Kündigung f notice; congé; despido
ungenügende Leistung poor performance; rendement, performance insuffisant(e); trabajo poco satisfactorio

alles in allem everything considered; en somme; en total

erreichen achieve; atteindre; obtener

Belastung f burden; charge; carga

Es ist uns auch mit einigen vorangegangenen Briefen und Telefongesprächen nicht gelungen, Sie zu einer intensiveren Bearbeitung Ihres Kundenkreises zu bewegen. Jedenfalls geben die Resultate keinen Hinweis darauf.

Sie werden Verständnis dafür haben, daß diese Situation für uns auf die Dauer nicht tragbar ist. Aber auch Sie werden damit kaum zufrieden sein. Es liegt daher im beiderseitigen Interesse, unsere Kooperation zu beenden. Wir kündigen deshalb unseren Vertrag vom 01.01... fristgerecht zum 31.12... Es ist Ihnen also vom 01.01.. an nicht mehr erlaubt, sich in unserem Namen an die Kundschaft zu wenden.

Unsere zahlreichen Muster und Werbeartikel, die sich in Ihrem Besitz befinden, schicken Sie bitte an uns zurück.

Aus der Bestellung der Firma Jules Cremeaux, Lille, steht Ihnen noch Ihre Provision zu. Wir werden sie errechnen und von der Rhein-Ruhr-Bank in Düsseldorf auf die Banque de Commerce in Paris überweisen lassen.

Für Ihren weiteren Berufsweg wünschen wir Ihnen alles Gute.

Mit freundlichem Gruß

Knappe & Wirth

intensive Bearbeitung intensive treatment; s'occuper intensivement de; tratamiento intenso
Kundenkreis m customers; clientèle; clientela

Verständnis haben für understand; comprendre; comprender
auf die Dauer in the long run; à la longue; a la larga
nicht tragbar not tolerable; inacceptable; insoportable

fristgerecht in time; dans les délais fixés; a tiempo

Kundschaft f customers; clients; clientela
Muster n sample; échantillon; muestra
Werbeartikel m promotion matter; articles publicitaires; material de propaganda

Provision f commission; commission; comisión

Berufsweg m career; vie professionnelle; carrera

70. Beantwortung eines Briefes über niedrigere Konkurrenzpreise

26.03...

Gebrüder Colomba
Herrn Daniel Colomba
14, rue St. Pierre

Quebec

Kanada

Teppichpreise — Ihr Brief vom 11.03...

Teppich m carpet, rug; tapis; alfombra

Sehr geehrter Herr Colomba,

wir verstehen, daß Sie sich für möglichst niedrige Preise einsetzen, um der Konkurrenz in Ihrem Gebiet wirksam begegnen zu können. Aber niedrige Preise sind nicht alles. Fähige Verkäufer, wie Sie, haben doch im Grunde immer mehr davon, bessere Qualität zu etwas höheren Preisen zu verkaufen.

Konkurrenz f competition; concurrence; competencia

fähiger Verkäufer able salesman; vendeur capable; vendedor competente

In unserem Fall ist die Situation ziemlich klar: In einem Vergleich zwischen eulanisierten, also mottenechten Teppichen und in dieser Hinsicht unbehandelter Ware schneidet die geschützte Qualität eindeutig besser ab. Langzeituntersuchungen in Europa haben ergeben, daß unbehandelte Teppiche im Durchschnitt eine um 30 % geringere Lebensdauer haben. Gleichartige Tests in Kanada würden sicherlich dieselben Resultate ergeben.

Bitte vergessen Sie nicht, daß wir es hier mit besonders hochwertigen

eulanisieren to mothproof; „eulaniser", traiter contre les mites; tratar contra la polilla
mottenecht mothproof; traité contre les mites; inatacable por la polilla
geschützte Qualität protected quality; qualité traitée; calidad protegida
besser abschneiden come off (od. do) better; être mieux placé; salir mejor
Langzeituntersuchung f long-term test; expérience à long terme; investigaciones a largo plazo
hochwertig high quality; de haute qualité; de alta calidad

Teppichen zu tun haben. Wenn eine solche Ware nach kurzer Zeit Mottenbefall aufweist, führt das erfahrungsgemäß zu erheblichem Ärger zwischen Verkäufer- und Kundenseite. Zu Recht. Denn der Kunde darf erwarten, daß so wertvolle Stücke mottengeschützt sind — entsprechend dem heutigen Stand unseres Wissens und unserer Anwendungstechnik.

Mottenbefall m infestation with moths; ravages causés par les mites; apolilladura
erfahrungsgemäß from experience; l'expérience nous apprend que ...; según muestra la experiencia
mottengeschützt = mottenecht
Anwendungstechnik f application technology; technologie appliquée; técnica de aplicación

Um den Qualitätsgedanken der Mottenechtheit auch in Ihrem Bereich durchsetzen zu können, dazu bedarf es allerdings Ihrer Mitwirkung. In jedem Verkaufsgespräch muß dieser Gesichtspunkt klar hervorgehoben werden. Auf die Frage: „Wollen Sie es wirklich riskieren, daß Ihr schöner neuer Teppich demnächst Mottenlöcher aufweist?", darauf wird niemand mit „ja" antworten.

Verkaufsgespräch n sales talk; entretien de vente; conversación de ventas

Mottenlöcher n/pl. moth holes; trous de mites; apolilladura

Zu Ihrer Anfrage „Preissenkung durch Umsatzsteigerung": Es ist richtig, daß eine Umsatzsteigerung im allgemeinen zu Preissenkungen führt. In unserem Fall ist jedoch zu berücksichtigen, daß Eulan® nicht von uns selbst hergestellt, also auch im Preis nicht von uns beeinflußt werden kann.

Preissenkung f price reduction; baisse de(s) prix; disminución de precios
Umsatzsteigerung f increase in turnover, rising sales; augmentation du chiffre d'affaires; subida de ventas

Zusammengefaßt: Wir bedauern, daß wir zur Zeit weder die Preise senken noch Ihnen einen besonderen Nachlaß einzuräumen vermögen. Aber Sie dürfen davon überzeugt sein: Bei Ihrem Bemühen, neue Kunden zu gewinnen und alte Kunden zu halten, helfen wir Ihnen, wo es irgendwie möglich ist. Wir kennen Ihre Probleme „an der Verkaufsfront" und verlieren diese Probleme schon deshalb nicht aus den Augen, weil ihre Lösung auch für uns

zusammengefaßt to sum it up; en résumé; en resumen
einen Nachlaß einräumen allow a discount; accorder une réduction; conceder un descuento

an der Verkaufsfront in the field; "sur la brèche"; en el frente

immer wieder eine existenzielle Notwendigkeit ist.

Bei der Gelegenheit: Wir werden im Frühjahr eine neue, groß angelegte Werbung starten, mit den unterschiedlichsten Mitteln und Medien. Auch damit unterstützen wir Ihre Anstrengungen. Sobald die Vorarbeiten abgeschlossen sind, werden wir Sie ausführlich informieren.

Auf weitere gute Zusammenarbeit!

existentielle Notwendigkeit existential necessity; nécessité vitale; necesidad vital

Werbung f promotion; promotion, publicité; propaganda, publicidad

Anstrengungen f/pl. efforts; efforts; esfuerzos
Vorarbeiten f/pl. preliminary work; travaux préliminaires; trabajos preliminarios

Mit freundlichem Gruß

Hannoversche Teppichwerke   AG

71. Verkaufsanzeige für Konsignationswaren und Übersendung der Abrechnung

Liverpool, 27.02...

Société Anonyme
des Factoreries Réunies
Private Mail Bag 1388

Ideja

Nigeria

30 t Kakao durch „Selandia"
Ihr Brief und Telex vom 16.02...

Sehr geehrte Herren,

die angekündigte Konsignationssendung ist vor zwei Tagen hier eingetroffen.

Da die Preise an der Börse ständig nachgaben, haben wir bereits die

Verkaufsanzeige f advertisement of a sale; avis de vente; aviso de ventas
Konsignationsware f consignment; marchandise consignée; mercancía de consignación
Börse f stock exchange; Bourse; bolsa
die Preise geben nach the prices fall; les prix tombent; los precios bajan

109

schwimmende Ware verkauft, und zwar wie von Ihnen limitiert.

Ihre Dokumententratte, auf 90 % der Konsignationssendung lautend, wurde gegen Dokumente akzeptiert.

Mit diesem Brief erhalten Sie unsere genaue Abrechnung. Den daraus resultierenden Saldo verrechnen wir bei Ihrer nächsten Lieferung.

Mit freundlichen Grüßen

John But & Fraser

Anlage

schwimmende Ware goods afloat; marchandise flottante; mercancía flotante *limitiert* limited; limité; limitado *Dokumententratte f* documentary draft; traite documentaire; giro documentario

Abrechnung f statement of account; règlement, décompte; liquidación *Saldo m* balance; solde; saldo *verrechnen* enter in s.o.'s account; régler ultérieurement; compensar

72. Erteilung eines limitierten Kaufauftrages

Bremen, 26.11...

Hertley, Sheldon & Co.
12, Howard Street

Liverpool

England

Limitierter Kaufauftrag
Ihr Brief vom 24.11...

limitierter Kaufauftrag limited purchasing order; ordre d'achat limité; pedido de compra limitado

Sehr geehrte Damen und Herren,

vielen Dank für die Muster. An der Versteigerung von 1 500 Ballen feuerbeschädigter indischer Baumwolle am 02.12... können wir leider nicht teilnehmen. Für den Fall, daß die Ware mit den uns übersandten Mustern übereinstimmt, beauftragen

Versteigerung f public auction; adjudication aux enchères; subasta *Ballen m* bale; balle; bala *feuerbeschädigt* damaged by fire; endommagé par le feu; deteriorado por el incendio *Baumwolle f* cotton; coton; algodón

wir Sie, für folgende Lose in unserem Namen ein Angebot im Rahmen unseres Auftrags vom 16.11... abzugeben:

ein Angebot abgeben make an offer; faire une offre; hacer una oferta

Los 6: 55 Ballen

Los n lot; lot; lote
lose loose; en vrac; suelto

Los 8: 110 Ballen

Los 22: ca. 150 Ballen, zum Teil lose

Achten Sie bitte besonders sorgfältig auf Los 22: Falls mehr als 60 % lose sind, halten wir es für besser, nicht zu kaufen.

Wir erwarten Ihre telegrafische Nachricht, wenn Sie etwas gekauft haben, so daß wir Ihnen zum Einlösen der Auslieferungsscheine gleich einen Scheck schicken können.

Einlösen n pay; paiement; pago
Auslieferungsschein m delivery order; bon de livraison; boletín de entrega

Vielen Dank für Ihre Bemühung.

Mit freundlichen Grüßen

Hogenforst & Co.

73. Gedankenaustausch über die Lage am Hanfmarkt

London, 22.05...

Firma Blum & Grafe
Herrn Christoph Grafe
Chilehaus

D-20457 Hamburg

Gedankenaustauch m exchange of ideas; échange de vues; cambio de ideas
Hanfmarkt m hemp market; marché du chanvre; mercado de cáñamo

Lage am Hanfmarkt
Ihr Brief vom 17.05...

Sehr geehrter Herr Grafe,

Ihre besorgte Anfrage ist berechtigt: Durch die Vermutung einer bevorstehenden Baisse wird der Sisalmarkt in London ungünstig beeinflußt. Die Käufer sind sehr zurückhaltend, weil es Gerüchte über eine große Ernte in Henequen in Mexiko gibt. Die Käufer aus den USA ziehen diesen Sisal dem indischen und afrikanischen vor. Auch Kolumbien ist für viele US-Kunden attraktiv, weil dort in großen Mengen eine wilde Bromelienart wächst, die eine sehr widerstandsfähige Faser ergibt.

Der Aufschwung im Schiffsbau und die damit verbundene Steigerung des Bedarfs an Tauwerk wird leider durch die reichlichen Lager an Hanf und hanfähnlichen Fasern aufgehoben.

Wie Sie sicher aus den Zeitungen wissen, sind die Preise für Manilahanf erster Qualität um rund 10 % gefallen. Da sich die Preise für Sisal stets den Schwankungen der Hanfpreise anpassen, ist ein weiterer Preisverfall zu erwarten.

Das alles läßt nur den einen Rat zu: sich mit der eigenen Bedarfsdeckung noch etwas zu gedulden.

Wir hoffen, daß diese Informationen für Sie nützlich sind.

Mit freundlichen Grüßen

J. White & Charmaison

Baisse f slump, depression; baisse; baja
Sisal(hanf) m sisal (hemp); sisal (chanvre); (cáñamo de) sisal
ungünstig beeinflussen influence unfavo(u)rably; influencer négativement; influir negativamente
zurückhaltend reserved; réservé; reservado
Gerüchte n/pl. rumours; rumeurs; rumores
Ernte f harvest; récolte; cosecha
vorziehen prefer; préférer; preferir
widerstandsfähig resistant; résistant; resistente
Faser f fibre; fibre; fibra
Aufschwung m boom; essor; impulso, mejoría
Bedarf m demand; besoin(s); demanda
Tauwerk n cordage; cordages; cordaje
hanfähnlich hemplike; semblable au chanvre; parecido al cáñamo

Schwankung f fluctuation; fluctuation; fluctuación

Preisverfall m erosion of prices; chute des prix; caída de precios

Bedarfsdeckung f coverage of demand; couverture des besoins; satisfacción de la demanda

74. Gedankenaustausch über die Lage am Jutemarkt

Hamburg, 08.11...

Paul Barbier & Co.
Herrn Paul Barbier
16, Mark Lane

London

England

Lage am Jutemarkt
Unser Bericht vom 04.11...
Ihr Brief vom 06.11...

Jute f jute; jute; yute

Sehr geehrter Herr Barbier,

obwohl der Londoner Jutemarkt nach Ihrem Bericht sehr ruhig ist, soll die Tendenz in Kalkutta, einigen Zeitungsmeldungen zufolge, eher fest sein.

Bericht m report; rapport; informe
Tendenz f trend, tendency; tendance; tendencia
Zeitungsmeldungen zufolge according to newspaper reports; d'après certains journaux; según informaciones de algunos periódicos

Da gegenwärtig Geschäfte auf Abladung mit Kalkutta kaum möglich sind, glauben wir, daß jetzt Aussicht besteht, die vorrätige Ware in Hamburg zu verkaufen.

auf Abladung for shipment; sur embarquement; sobre embarque
vorrätig in stock; en stock; en depósito

Wenn wir uns recht entsinnen, haben Sie schon vor einiger Zeit bei Ihrem Ablader in Kalkutta vollständige Unterlagen über Ihre verfügbare Ware für Hamburg angefordert, ebenso über die vorhandenen Mengen und die Preise, zu denen Sie verkaufsbereit waren. Sie haben diese Konsignationssendungen zu einer Zeit abgeschickt, als die Preise dort unten viel niedriger lagen. Vielleicht sind Sie jetzt interessiert zu verkaufen!? Würden Sie in Kalkutta telegrafisch anfragen, wann

Ablader m shipper; chargeur; expedidor
Unterlagen f|pl. details, data; documents; documentos
verfügbar available; disponible; disponible
Konsignationssendung f consignment; fourniture en consignation; entrega a consignación

telegrafisch anfragen inquire by telex; demander par télégramme; preguntar por telégrafo

der Brief mit den Einzelheiten abgegangen ist, oder bitten, ihn sofort abzuschicken, falls dies noch nicht geschehen ist?

Bis zum Eintreffen Ihrer Anweisungen werden wir uns bemühen, die deutschen Spinnereien für diese Ware zu interessieren. Außerdem werden wir Ihnen feste Angebote zu den Bedingungen des Vereins der Londoner Jutehändler telegrafieren.

Freundliche Grüße

Wilhelm Reichelt & Co.

abgehen be sent; expédier; salir

Anweisung f direction; instruction; instrucción
Spinnerei f spinning-mill; filature; hilandería
festes Angebot firm offer; offre ferme; oferta en firme
zu den Bedingungen on the terms; aux conditions; en las condiciones
Verein m der Jutehändler association of jute dealers; association des marchands de jute; asociación de los comerciantes de yute

75. Begleitbrief zu Kaffeemustern

Hamburg, 10.11...

Herrn Umberto Alibrandi
Via Nizza 16

I-10100 Turin

Kaffeemuster

Kaffeemuster n coffee sample; échantillon de café; muestra de café

Sehr geehrter Herr Alibrandi,

die Firma Suarez y Cia in Guatemala, die ich vertrete, hat mir in diesen Tagen einige Sack Musterkaffee geschickt, die Proben der neuen Ernte enthalten. Mit 5-kg-Postpaketen habe ich die folgenden Sorten an Sie abgesandt:

D. 4: Völlig übereinstimmend mit der vorigen Ernte. Nach den letzten Nachrichten aus Guatemala hat sich unsere dortige Firma die gesamte Ernte

vertreten represent; représenter; representar
Probe f = Muster (sample; échantillon; muestra)
Ernte f harvest; récolte; cosecha
Postpaket n post parcel; colis postal; paquete postal
Sorte f sort; sorte; tipo, especie
übereinstimmend matching; concordant; conforme

dieser Sorte sichern können. Sie empfiehlt uns besonders den Verkauf dieser Sorte.

sich etwas sichern secure oneself s.th.; s'assurer qc.; asegurarse
empfehlen recommend; recommander; recomendar

E. 9: Diese Sorte ist nicht schlecht, aber nicht ganz so gut wie im letzten Jahr. Die Bohnen sind etwas kleiner ausgefallen. Das scheint übrigens für die Ernte aus Guatemala allgemein zu gelten. Der Sommer ist dort sehr trocken gewesen. Dies kann die Ursache für die schlechte Entwicklung der Blüte sein.

Bohne f bean; grain; grano
Entwicklung f development; développement; desarrollo
Blüte f flower; fleur; flor

M. 3: Dies ist eine mittlere Qualität, die in Ihrem Absatzgebiet sicher gute Aufnahme finden wird. Es ist der typische Kaffee für Italien. Die Qualität ist einwandfrei, sowohl als Rohkaffee als auch zubereitet. Lediglich die ganz großen Bohnen wurden herausgesiebt. Dadurch wurde ein Preis ermöglicht, der diese Sorte für Ihre Kundschaft interessant macht.

Absatzgebiet n market(ing area); marché; mercado
Aufnahme finden meet with a reception; être accueilli; ser recibido
einwandfrei impeccable; impeccable; irreprochable
Rohkaffee m raw coffee; café vert; café en bruto

heraussieben sift; retirer; quitar

Kundschaft f customers; clients; clientela

Bitte informieren Sie mich so schnell wie möglich über die Verkaufsmöglichkeiten für diese Sorten. Danke.

Verkaufsmöglichkeit f prospects for the sale; possibilité de vente; posibilidad de venta

Mit freundlichem Gruß

Artur Werner

76. Versandauftrag für einen Spediteur

Antwerpen, 20.10...

Südafrika-Linie
Alsterdamm 16

D-22297 Hamburg

Versandauftrag
Ihre Frachtnotierung vom 17.10...

Sehr geehrte Damen und Herren,

gegen Ende des Monats werden Sie für unsere Rechnung von der Zementfabrik Celle/Hannover folgende Sendung fob Hamburg erhalten:

KW 1 – 50 = 50 Fässer Zement
etwa 9 000 kg

Einige Wochen später:

KW 1 – 200 = 200 Fässer Zement
etwa 36 000 kg

Bitte verschiffen Sie die Fässer mit der ersten Gelegenheit an Mossamedes/Angola.

Wir beauftragen Sie, den Zement rechtzeitig bei den Werken abzurufen und uns schnellstens den Namen des Schiffes mitzuteilen.

Die Versicherung schließen wir selbst ab. Wir brauchen 3 Original-Konnossemente und 2 Abschriften.

Mit freundlichem Gruß

Van Beek & Zorge

Versandauftrag m shipping order; ordre d'expédition; orden de expedición
Spediteur m shipping-agent; transporteur; agente de transportes
Frachtnotierung f freight quotation; cotation de fret; cotización de flete
Zementfabrik f cement factory, cementworks; cimenterie; fábrica de cemento
Faß n barrel; fût; barril

Gelegenheit f occasion; occasion; ocasión
verschiffen ship; embarquer; embarcar

rechtzeitig in time; en temps voulu; a tiempo
abrufen call off; retirer; retirar
eine Versicherung abschließen take out an insurance; prendre une assurance; hacer (od. concluir) un seguro
Original-Konnossement n original bill of lading; connaissement original; conocimiento original
Abschrift f copy; copie; copia

116

77. Frachtanfrage

17.10...

Reederei
P.O.B. 11 22
Robertson & Co.

London

England

Reederei f shipping-company; armement; armadores

Frachtanfrage

Sehr geehrte Damen und Herren,

Frachtanfrage f inquiry about freight; demande de fret; demanda de fletes

wir bitten um Angabe der niedrigsten Frachtrate für 7 000 t Eisenerz von Bône, Algerien, nach Lübeck, Verschiffung November.

Frachtrate f freight rate; taux de fret; tipo de flete *Eisenerz n* iron ore; minerai de fer; mineral de hierro

Teilen Sie uns bitte gleichzeitig mit, welches Schiff Sie uns zur Verfügung stellen können. Wenn es möglich wäre, die Verladung für die erste Hälfte November festzusetzen, wären wir Ihnen besonders dankbar.

zur Verfügung stellen place at s.o.'s disposal; mettre à disposition; poner a disposición *Verladung f* loading, shipping; expédition; embarcación, despacho

Mit freundlichem Gruß

Heinrich v. Aspern & Co.
Schiffsmakler

78. Frachtangebot

London, 22.10...

Heinrich v. Aspern & Co.
Herrn Heinrich v. Aspern
Postfach 34 89

D-23552 Lübeck

Frachtangebot
Ihr Brief vom 17.10...

Sehr geehrter Herr v. Aspern,

wir bestätigen unser telegrafisches Angebot wie folgt:

„Anbieten ‚Deepwater' fünf £."

Die „Deepwater" befindet sich zur Zeit in Trebizonde, wo sie eine Ladung Maschinen löscht.

Wir übernehmen den Transport von 7 000 t Eisenerz von Bône nach Lübeck zum Preis von 35 c/t, mit 8 Tagen Liegezeit, sowohl für die Verladung als auch für die Löschung. Für jeden Überliegetag berechnen wir Ihnen £ 80.

Wenn Sie einverstanden sind, schikken Sie bitte so bald wie möglich die Charterpartie in 4 Ausfertigungen, damit wir unserem Kapitän, Herrn John Conway, die notwendigen Anweisungen geben können. Das Schiff wird gegen den 10. November in Bône eintreffen.

Vielen Dank für Ihre schnelle Antwort.

Mit freundlichem Gruß

Robertson & Co.

Frachtangebot *n* freight offer; offre de fret (transport); oferta de fletes

bestätigen acknowledge; confirmer; confirmar

anbieten = *wir bieten an* we offer; nous offrons; ofrecemos

Ladung *f* cargo; cargaison; cargamento
löschen discharge; débarquer; descargar

Eisenerz *n* iron ore; minerai de fer; mineral de hierro
Liegezeit *f* lay-days; jours de planche; plazo de estadía
Verladung *f* shipping; expédition; embarque
Löschung *f* discharge; déchargement; descarga
Überliegetag *m* day of demurrage; surestarie; sobreestadía

Charterpartie *f* charter party; charte-partie; contrato de flete
Ausfertigung *f* copy; exemplaire; ejemplar
Anweisung *f* direction, instruction; instruction; instrucción

79. Annahme eines Frachtangebots

26.10...

Robertson & Co.
Reederei
P.O.B. 56 89

London

England

Ihr Angebot vom 22.10...

Sehr geehrte Herren,

wir danken Ihnen für Ihr Angebot. Unser gestriges Telegramm lautete:

„Befrachtet ‚Deepwater' fünfunddreißig cents."

Wir nehmen das Angebot wie folgt an:

35 c/t für 7 000 t Eisenerz von Bône nach Lübeck durch „Deepwater", Verschiffung etwa am 10.11..., 8 Liegetage, Überliegetage je £ 60.

Das Erz stammt von der Compagnie Minière de l'Edough, Siège Social: 84, rue de l'Atlas, in Bône. Der Empfänger ist die Firma Röding & Vollmer, Metallwarenfabrik, Schwartauer Straße 153, D-2400 Lübeck.

Die Charterpartie fügen wir in 4 Ausfertigungen bei.

Wir hoffen, daß Sie keine Beanstandungen haben werden. Bitte tun Sie alles, damit das Schiff so schnell

wie möglich in Bône eintrifft.
Danke.

Freundliche Grüße

Heinrich v. Aspern & Co.

Anlage

80. Einforderung von Frachtrabatt

Berlin, 10.02...

Van Nieuvenhuyse & Co.
48, rue Leys

B-2040 Antwerpen 4

Frachtrabatt

Sehr geehrte Herren,

im Juni letzten Jahres hatten wir
durch Ihre Vermittlung auf dem Dampfer „Osaka Maru" mit Bestimmungsort
Shanghai

SVD 1 – 150 = 150 Kisten Fensterglas

verladen. Daraus steht uns noch ein
Frachtrabatt von £ 4,50 zu.

Bitte schicken Sie uns die erforderlichen Vordrucke, damit wir diese
Summe sofort nach Fälligkeit ein-
fordern können. Vielen Dank.

Mit freundlichem Gruß

Eckel & Gärtner

Einforderung f calling in;
réclamation; reclama-
ción
Frachtrabatt m freight rebate; rabais de fret; re-
baja en el flete

Vermittlung f arrangement;
intermédiaire; media-
ción
Bestimmungsort m destination; destination; punto
de destino
Fensterglas n window glass;
verre à vitres; vidrio

Vordruck m form; formule;
formulario
Fälligkeit f maturity; échéance; vencimiento

81. Erkundigung über Versicherungsmöglichkeiten

Stuttgart, 28.01...

J. C. Raffin & Co.
Insurance Ltd.
31, St. Mary Axe

London

England

Anfrage

Sehr geehrte Damen und Herren,

wir wenden uns auf Empfehlung der Firma Boutal & Coutelle, Paris, an Sie. Unsere Frage: Würden Sie unsere Espartogras-Sendungen von Marokko und Algerien nach Rotterdam, Antwerpen und Hamburg versichern?

Wir legen Wert auf eine Police, die alle Risiken deckt, also nicht nur Seeschäden, sondern auch Diebstahl, Gewichtsverluste, Süßwasserbeschädigung und Schiffsschweiß, und dies alles, wenn möglich, ohne Franchisen. Die Versicherung soll von Haus zu Haus gelten. Durch Zusatzprämien werden wir den Weitertransport vom Hafen ins Hinterland decken, gleichgültig, ob die Waren per Bahn, Schiff oder Lkw weitergeleitet werden.

Wir würden eine offene Police vorziehen, damit wir zugleich eine Grundlage für die Kalkulation haben.

Bitte machen Sie uns Ihre Vorschläge. Danke.

Mit freundlichem Gruß

Erwin Steinbach & Lücke

Erkundigung f inquiry, enquiry; demande de renseignements; informe
Versicherung f insurance; assurance; seguro
auf Empfehlung upon the recommendation; sur la recommandation; por recomendación
Espartogras n espartograss, alfa; alfa; alfa, esparto
Wert legen auf attach great importance to; tenir à; dar importancia a
Police f policy; police; póliza
Seeschäden m/pl. damages caused by sea perils; avaries de mer; averías
Diebstahl m theft; vol; robo
Gewichtsverlust m loss of weight; perte de poids; mermas
Süßwasserbeschädigung f freshwater average; avarie par eau douce; avería por causa de agua dulce
Schiffsschweiß m ship's sweat; buée de cale; exhalaciones del barco
Franchise f franchise; franchise; franquicia
von Haus zu Haus from warehouse to warehouse; de porte à porte; de casa a casa
Zusatzprämie f additional premium; surprime; prima adicional
offene Police floating policy; police ouverte; póliza abierta

82. Zurücknahme eines Auftrags

Bremen, 01.10...

Eduardo Ribeiro & Co.
rua do Comércio, 5

Bahia

Brasilien

Unser Auftrag vom 15.09...:
10 t Kakaobohnen

Sehr geehrte Damen und Herren,

wie der „Import-Kurier" vorgestern berichtete, ist in diesem Jahr mit einer weit über die Schätzung hinausgehenden Kakaoernte zu rechnen. Als Folge dieser Meldung trat schon gestern ein außerordentlicher Preissturz ein, der sich heute fortsetzt. Wir könnten unsere Bestellung daher nur mit großen Verlusten unterbringen.

Für den Fall, daß Sie unseren Auftrag noch nicht ausgeführt haben, bitten wir Sie, den Kauf zu unterlassen. Sollten Sie jedoch schon abgeschlossen haben, verkaufen Sie die Ware bitte sofort für unsere Rechnung. Wir hoffen, daß Sie das Geschäft ohne größere Verluste für uns abwickeln können.

Um Sie schnellstens zu informieren, haben wir Ihnen heute wie folgt telegrafiert:

„Zurückziehen Auftrag über 10 t Kakaobohnen. Notfalls verkaufen bestens für uns."

Zurücknahme f cancellation; annulation; cancelación
Auftrag m order; ordre; pedido
Kakaobohnen f/pl. cocoa beans; fèves de cacao; granos de cacao

Schätzung f estimate; évaluation; cálculo
Preissturz m sudden fall of prices; effondrement des prix; caída (brusca) de los precios
eine Bestellung unterbringen sell the ordered goods; placer une commande; colocar (od. vender) un pedido
Verlust m loss; perte; pérdida
einen Auftrag ausführen execute an order; exécuter un ordre; ejecutar un pedido, orden
unterlassen abstain from; s'abstenir de; abstenerse de
abschließen close, settle; conclure; contratar
für unsere Rechnung for our account; pour notre compte; por nuestra cuenta
ein Geschäft abwickeln conduct (od. settle) business; mener une affaire à bonne fin; llevar a cabo un negocio
notfalls if necessary, if need be; en cas de besoin; en caso de necesidad
bestens at the best price; au meilleur prix; al mejor precio

Wir hoffen, daß Ihnen eine günstige Lösung gelingt. Im voraus vielen Dank für Ihr Bemühen.

günstig favo(u)rable; favorable; favorable

Mit freundlichen Grüßen

Hillmann

83. Antwort auf die Auftragszurücknahme

Bahia, 04.10...

Schokoladenfabrik
Hillmann & Crusoe
Friesenstraße 16/18

D-28203 Bremen

Zurücknahme Ihres Auftrags vom 15.09...

Sehr geehrter Herr Hillmann,

wir bestätigen den Empfang Ihres Telegramms:

„Zurückziehen Auftrag über 10 t Kakaobohnen. Notfalls verkaufen bestens für uns."

Da wir Ihren Auftrag schon ausgeführt hatten, haben wir uns sofort mit unserem Lieferer in Verbindung gesetzt. Er war mit der Zurücknahme des Auftrags einverstanden, so daß Sie von Ihrer Verpflichtung auf Abnahme befreit sind, ohne daß dadurch ein Schaden für Sie entsteht.

Heute traf auch Ihr Brief vom 01.10... ein, mit dem Sie uns die Gründe Ihres Rücktritts mitteilten.

Zurücknahme f cancellation; annulation; cancelación
zurückziehen = wir ziehen zurück we cancel; nous annulons; cancelamos
bestätigen acknowledge; confirmer; confirmar
Kakaobohnen f/pl. cocoa beans; fèves de cacao; granos de cacao
notfalls if necessary, if need be; en cas de besoin; en caso de necesidad
bestens at the best price; au meilleur prix; al mejor precio
Lieferer m supplier; fournisseur; proveedor, suministrador

sich in Verbindung setzen mit contact s.o.; prendre contact avec; ponerse en contacto con
Verpflichtung f auf Abnahme obligation to buy; obligation d'acheter; obligación de comprar
entstehen result from; en resulter; ser causado (od. producido) por
Rücktritt m withdrawal; résiliation, désistement; anulación

123

Nach den hier vorliegenden Nachrichten kann sich die angeführte Zeitungsmeldung nicht auf den amerikanischen Raum beziehen. Entweder handelt es sich um die afrikanische Ernte oder um eine Spekulationsmeldung. Hier erwartet man, im Gegenteil, daß die Preise steigen. Daher war unser Lieferer auch sofort bereit, auf Ihren Wunsch einzugehen.

Wir hoffen, daß sich Ihre Maßnahme für Sie als günstig erweist.

Mit freundlichen Grüßen

Ribeiro & Co.

vorliegend at hand; présent; presente
anführen cite, quote; citer; citar
Raum m region; région; región
Spekulationsmeldung f speculative report; nouvelle de spéculation; informe de especulación
die Preise steigen the prices rise; les prix montent; los precios suben
eingehen auf complay with; répondre à; corresponder a
Maßnahme f measure; mesure; medida

84. Anspruch an eine Versicherung

Hannover, 15.08...

Herrn
Robert Picard
54, rue Galliéni

Casablanca

Marokko

Versicherung

Sehr geehrter Herr Picard,

mit dem Dampfer „Rabat" haben wir in Hamburg 9 000 kg Alfa WB 150 Ballen erhalten; die Sendung war durch Ihre Vermittlung versichert.

Nach dem beigefügten Schadenzertifikat wies die Ware bei Ankunft 187 kg Seebeschädigung auf. Die Schadenrechnung beläuft sich auf:

Anspruch m claim; prétention à assurance; reclamación
Versicherung f insurance; assurance; seguro
Ballen m bale; balle; bala
Sendung f shipment; envoi; envío
durch Ihre Vermittlung through your agency; par votre intermédiaire; por mediación de Ud.
versichern insure; assurer; asegurar
Schadenzertifikat n survey report; certificat d'avarie; certificado de avería
aufweisen show; présenter; presentar
Seebeschädigung f average; avarie; avería
Schadenrechnung f account (bill) of average; compte d'avaries; factura de daños y perjuicios
sich belaufen auf amount to; s'élever à; elevarse a

124

```
                        FF 7 485,—
+ Kosten (s. Rechnung)  FF 2 493,=
                        FF 9 978,—
```

Wir bitten Sie, diese Summe für uns
einzuziehen und sie auf unser Konto
bei der Landeszentralbank in Hannover zu überweisen.

einziehen cash in; encaisser; cobrar
überweisen remit; virer; transferir

Die erforderlichen Papiere fügen wir
bei:

1. Versicherungs-Bescheinigung
2. Schadenzertifikat
3. Rechnung des Verladers MM Alfred
   Dumont Jeune & Cie.
4. Abschrift des Konnossements
   (bitte nach Gebrauch zurückgeben)
5. Ablehnende Antwort des Schiffsmaklers, als Unterlage für unseren Einspruch

Im voraus vielen Dank für Ihre Bemühungen.

Mit freundlichen Grüßen

Ruprecht Gelling

Anlagen

Versicherungsbescheinigung f marine insurance policy; police d'assurance maritime; póliza de seguro marítimo
Verlader m shipping-agent, shipper; chargeur; expedidor
nach Gebrauch after use; après usage; después del uso
ablehnende Antwort negative answer; réponse négative; contestación negativa
Schiffsmakler m shipbroker; courtier maritime; consignatario de buques
Unterlage f foundation; pièce; comprobante
Einspruch m protest; opposition; recurso

85. Verschiffung mit Option

Hamburg, 04.08...

Baldoui & Abderrhaman
P.O.B. 33 12

Alexandria

Egypte

Sesamsaat mit „Oceana"
Ihr Brief vom 27.07...

Verschiffung f shipping; embarquement; embarque
Option f option; option; opción
Sesamsaat f sesame seeds; graines de sésame; granos de sésamo

Sehr geehrte Herren,

ich danke Ihnen für Ihren Brief mit Konsignationsrechnung, Konnossement und Versicherungspolice für 5 t Sesamsaat durch die „Oceana" mit Bestimmungsort Hamburg. Ich werde diese auf Gewichtsbasis gelieferten Posten für Ihre Rechnung bestens nach Hamburg verkaufen.

Leider enthält dieser Samen fast 3 % Staub. Ist es Ihnen möglich, diesen Prozentsatz bei späteren Lieferungen herabzusetzen. Ich empfehle Ihnen dringend, sich sofort eine Reinigungsanlage bauen zu lassen.

Bei Ankunft der Sendung werde ich eine Probe für eine Analyse entnehmen und Ihnen das Ergebnis der Untersuchung dann sofort mitteilen.

Verschiffung mit Option. Hier noch eine wichtige Empfehlung: Der Sesamsamen wird häufiger über Rotterdam als über Hamburg versandt. Um die Verkaufsmöglichkeiten zu erhöhen, bitte ich Sie, in Zukunft alle Sen-

Konsignationsrechnung f consignment bill; facture de consignation; factura de consignación
Konnossement n bill of lading; connaissement; conocimiento de embarque
Versicherungspolice f (insurance) policy; police d'assurance; póliza de seguro
auf Gewichtsbasis on the basis of weight; sur la base du poids; sobre la base del peso
Posten m lot; lot; lote
bestens at the best price; au meilleur prix; al mejor precio
Samen m seed; semence; semilla
Staub m dust; poussière; polvo
Prozentsatz m percentage; pourcentage; porcentaje
Reinigungsanlage f purification plant; installation de dépollution; instalación de purificación
eine Probe entnehmen take a sample; prendre un échantillon; tomar una muestra

Empfehlung f recommendation; recommandation; recomendación
Verkaufsmöglichkeit f chances for sale; possibilité de vente; posibilidad de venta

126

dungen mit der Option Rotterdam-Hamburg zu verschiffen.

verschiffen ship; embarquer; embarcar

Mit freundlichen Grüßen

Edwin Reuter

86. Eintreffen einer Konsignation bei schlechten Verkaufsaussichten

Hannover, 30.07...

Lenshoek & Teensma
Exporteure
P.O.B. Nr. 48 39

Djakarta

Indonesien

100 Ballen Kapok durch „Tarakan"

Konsignation f consignment; consignation; consignación
Verkaufsaussichten f/pl. chances for sale; perspectives de vente; perspectivas de venta
Ballen m bale; balle; bala
Kapok m kapok, capoc; capoc; kapoc

Sehr geehrte Herren,

wir bestätigen den Empfang dieser Konsignationssendung, die Sie schon mit Brief vom 03.07... angekündigt hatten.

ankündigen announce; aviser; avisar

Leider haben Sie eine Ware geschickt, die nach Güte und Preis unsere Anforderungen wesentlich übersteigt. Es wird sehr schwer sein, die Ware zu verkaufen.

Anforderungen f/pl. requirements; exigences; exigencia
übersteigen exceed; dépasser; sobrepasar

Wenn staatliche Stellen, wie Sie schreiben, die Ausfuhr mittelmäßiger Qualität verbieten, ist damit zu rechnen, daß in Zukunft die indonesische Ware wenig Beachtung findet: Die Lieferungen aus Togo und Kalkutta liegen in Qualität und Preis sehr viel günstiger.

staatliche Stellen government authorities; autorités; autoridades

Beachtung finden receive notice; susciter de l'intérêt; encontrar (od. hallar) atención

Hier einige Zahlen, damit Sie sich selbst ein Bild machen können:

Die ersten Sendungen der diesjährigen Ernte aus Togo, die Anfang des Monats hier eintrafen, hatten zwar eine etwas geringere Qualität, lagen aber preislich entscheidend vorteilhafter: £ 360 und 390 je Doppelzentner gegenüber £ 480 der indonesischen Ware!

Ernte f harvest; récolte; cosecha
preislich vorteilhafter more favo(u)rable concerning the price; d'un prix plus intéressant; de un precio más favorable
Doppelzentner m quintal; quintal; quintal métrico

Solange die Einfuhr aus Togo anhält, können wir Ihre Qualitätsware nur schwer unterbringen. Wir werden Sie über die Entwicklung auf dem laufenden halten.

Qualitätsware f quality goods; marchandise de qualité; mercancía de alta calidad
unterbringen dispose of; placer; colocar
auf dem laufenden halten keep informed; tenir au courant; tener al corriente

Mit diesen Hinweisen auf die schwierige Situation kommen wir unserer Verpflichtung nach, Sie genau zu informieren. Unsere Befürchtung: Die letzte Sendung wird sich nicht restlos absetzen lassen. Aber auf jeden Fall werden wir unser Bestes tun.

Befürchtung f fear, apprehension, misgivings; crainte; temor

Mit freundlichem Gruß

Lohr & Wenzel

87. Antwort auf Rückfrage wegen Preisstellung und Besuchsankündigung

Köln, 21.05...

Van Nieuwenhuyse & Co.
Herrn P. Grondhout
Oudeschans 2/4

1234 AB Loodwoude

Niederlande

Preisstellung Arbeitsschuhe
Ihr Telex vom 19.05...

Preisstellung f quotation; fixation des prix; indicación de precios
Besuchsankündigung f announcement of visit; annonce d'une visite; aviso de visita
Arbeitsschuhe m/pl. work shoes; chaussures de travail; zapatos de trabajo

Sehr geehrter Herr Grondhout,

wir danken Ihnen für Ihre fernschriftliche Rückfrage und präzisieren unser Angebot vom 05.05... wie folgt:

Die genannten Preise und Konditionen gelten für eine Mindestabnahme von 80 000 Paar bei den Spezialschuhen und 150 000 Paar bei den Standardschuhen. Unsere Kalkulation, frei Station Amsterdam, setzt außerdem den Versand größerer Teilmengen voraus. Die Menge von 30 000 Paar sollte in keinem Fall unterschritten werden.

Noch nicht ausdiskutiert und entschieden haben wir die Frage einer eigenen Verpackung. Dabei sind so viele Einzelheiten abzuwägen, daß wir es für besser halten, diese Problematik persönlich zu besprechen. Wenn es Ihnen recht ist, wird Sie unser Marketingfachmann, Herr Walter Weber, am 03.06... aufsuchen.

fernschriftlich by telex; par télex; por teletipo
Mindestabnahme f minimum purchase; achat minimum; compra mínima
Spezialschuhe m/pl. special shoes; chaussures spéciales; zapatos especiales
Standardschuhe m/pl. standard shoes; chaussures standard; zapatos standard
frei Station A. free station A.; franco station A.; franco estación A.
Teilmenge f subset; quantité partielle; cantidad parcial
unterschreiten fall below; être inférieur à; quedar por debajo
ausdiskutieren finish discussing, discuss fully; discuter; discutir
abwägen consider; considérer; considerar
persönlich besprechen discuss in person; discuter de vive voix; discutir personalmente
Marketingfachmann m marketing expert; expert en marketing; experto en marketing

129

Würden Sie uns bitte benachrichtigen, ob Ihnen dieser Zeitpunkt zusagt? Wenn nicht, schlagen Sie bitte gleich einen neuen, möglichst nahen Termin vor. Vielen Dank.

Mit freundlichen Grüßen

Reißmann & Körner

einen Termin vorschlagen suggest a date; suggérer une date; proponer una fecha

88. Bankauftrag zur Einziehung eines Dokumentenwechsels

Hamburg, 02.01...

The Manager
The Standard Bank
of South Africa Ltd.
10, Clements Lane

London

Einziehung eines Dokumentenwechsels

Bankauftrag m bank order; ordre de banque; orden bancario
Einziehung f collecting; encaissement; cobro

Sehr geehrte Damen und Herren,

wir senden Ihnen hiermit einen Wechsel mit beigefügten Dokumenten und bitten um Einzug:

Dokumentenwechsel m draft against documents; traite documentaire; letra de documentación
fällig due; exigible, payable; pagadero, vencido
nach Sicht after sight; à vue; a vista
Bezogener m drawee; tiré; librado

Wechsel Nr. 173, £ 317, fällig 30 Tage nach Sicht. Bezogener: Patterson Bros., Kapstadt, Dokumente gegen Zahlung, für 10 Pianos, verschifft mit S. S. „Kenilworth Castle" nach Kapstadt. Die Dokumente sollen dem Warenempfänger nur gegen Zahlung ausgehändigt werden.

Dokumente gegen Zahlung documents against payment; remise des documents contre paiement; entrega de los documentos contra pago

Sollte der Wechsel nicht angenommen werden, so ist kein Protest zu erheben. Falls der Empfänger jedoch

Protest erheben protest; protester; elevar protesta

130

nicht zahlt, so lassen Sie den Wechsel bitte zu Protest gehen.

Wenn Schwierigkeiten auftreten, bitte die Pianos unter Zollverschluß lassen. Nach Ablauf des 45tägigen Lagerrisikos erneuern Sie bitte die Feuerversicherung über £ 350. In diesem Fall wenden Sie sich bitte an unseren Vertreter, Herrn John Dewey, 12 Burlington Street, Kapstadt, der von uns entsprechende Anweisungen hat und uns unterrichtet.

Wenn andere Weisungen notwendig werden, informieren wir Sie durch Luftpost.

Den Erlös aus dieser Sendung schreiben Sie uns bitte wie üblich gut.

Mit freundlichen Grüßen

Hamburger Klavierfabrik GmbH
vorm. Gebr. Lange & Co.

Wechsel in Protest gehen lassen have a bill protested; faire protester la traite; hacer protestar una letra

Zollverschluß m bond, (customhouse) seal; fermeture douanière, régime de la douane; precinto de la aduana
Lagerrisiko m warehousing, storage risk; risque de magasinage; riesgo de almacenaje
Feuerversicherung f fire insurance; assurance-incendie; seguro contra incendios
Vertreter m representative; représentant; representante
Anweisung f direction, instruction; instruction; instrucción
unterrichten inform; informer; informar
Weisung f = Anweisung direction, instruction; instruction; instrucción
Erlös m proceeds; produit; producto

89. Eröffnung eines Akkreditivs bei einer ausländischen Bank

Hamburg, 18.11...

Société Générale
20, rue Colbert

F-13001 Marseille

Eröffnung eines
unwiderruflichen Akkreditivs

ein Akkreditiv eröffnen open a credit; ouvrir un accréditif; abrir un crédito
unwiderruflich irrevocable; irrévocable; irrevocable

Sehr geehrte Damen und Herren,

wir bitten Sie, der

Société Anonyme
des Comptoirs de Madagascar
84, boulevard Maritime

F-13001 Marseille

ein unwiderrufliches Akkreditiv in Höhe von

FF 480 000,—
(vierhundertachtzigtausend francs)

gültig valid; valable; valedero

zu eröffnen, das bis zum 18. Juni des folgenden Jahres gültig sein soll.

zu unseren Lasten to our debit; à notre débit; a nuestro cargo
Rückgabe f return; remise; devolución

Zahlen Sie bitte zu unseren Lasten, gegen Rückgabe aller Dokumente, für

60 Ballen Raphia
aus Madagaskar

zahlbar payable; payable; pagadero

je FF 17 600 für 100 kg,

cif Hamburg, zahlbar 90 Tage nach Sicht. Käufer ist die Firma Schütz & Rohde, Hamburg.

Wir bitten Sie, die Dokumente sofort nach Erhalt mit der Abrechnung an uns zu senden. Vielen Dank.

nach Erhalt on receipt; après réception; al recibo
Abrechnung f settlement (of accounts); règlement de compte; liquidación

Mit freundlichem Gruß

Norddeutsche Bank

90. Mitteilung der Annahme des Rembourswechsels und Zusendung der Verschiffungspapiere

Marseille, 29.11...

Norddeutsche Bank
Ballindamm 36

D-20095 Hamburg

Berechnung
über Sendung aus Madagaskar

Annahme f acceptance; acceptation; aceptación
Rembourswechsel m documentary acceptance bill; traite de remboursement; letra de reembolso
Verschiffungspapiere n/pl. shipping documents; documents d'embarquement; documentos de embarque
Berechnung f calculation; facturation; cálculo

Sehr geehrte Damen und Herren,

nach Ihren Anweisungen vom 18.11...
haben wir an die Société Anonyme des Comptoirs de Madagaskar, Marseille, gezahlt und Ihr Konto wie folgt belastet:

ein Konto belasten debit an account; débiter un compte; cargar una cuenta

Akkreditiv	480 000	FF
+ 1/2 % Spesen	2 400	FF
+ Porto	50	FF
	482 450	FF

Akkreditiv n letter of credit; accréditif, lettre de crédit; carta de crédito
Spesen pl. expenses; frais; gastos
Porto n postage; port; franqueo

Wert: 29.11...

Wert m value; valeur; valor

Hiermit erhalten Sie folgende Dokumente, für deren Echtheit wir jede Haftung ablehnen:

Echtheit f authenticity; authenticité; originalidad
Haftung f responsibility, liability; responsabilité; responsabilidad
ablehnen decline; décliner; no aceptar, rechazar

Konnossement (2fach)
Versicherungspolice
Abschrift der Rechnung
Ursprungszeugnis
Ladeschein

Die Unterlagen betreffen: 60 Ballen Raphia, verladen auf S. S. „Coryda" mit dem Bestimmungshafen Hamburg.

Ursprungszeugnis n certificate of origin; certificat d'origine; certificado de origen
Ladeschein m bill of lading; bulletin de chargement; talón de carga

Bitte bestätigen Sie den Empfang der
Dokumente. Danke.

Mit freundlichem Gruß

Société Générale

6 Anlagen

91. Empfangsbestätigung für Verladedokumente

Hamburg, 03.12...

Société Générale
20, rue Colbert

F-13001 Marseille

60 Ballen Raphia mit „Coryda"

Sehr geehrte Damen und Herren,

wir danken Ihnen für Ihren Brief vom
29.11... mit den sechs Dokumenten
über den Versand dieser Sendung und
sind mit Ihrer Belastung unseres
Kontos in Höhe von FF 482 450 einverstanden.

Mit freundlichem Gruß

Norddeutsche Bank

Empfangsbestätigung f acknowledgement of receipt; accusé de réception; acuse de recibo
Versand m dispatch; expédition; envío, despacho
Sendung f shipment, consignment; envoi; envío
Belastung f unseres Kontos debiting of our account; imputation à notre compte; débito en nuestra cuenta

92. Übersendung von Dokumenten gegen Bankrembours an eine ausländische Bank zum Inkasso

Dakar, 14.06...

Danske Landmandsbank
Børsgade 12

DK-1500 Kopenhagen

Dokumente zum Inkasso

Sehr geehrte Damen und Herren,

wir senden Ihnen hiermit für die Sendung

100 t Erdnußkuchen mit S. S. „Baltikum", cif Kopenhagen

die folgenden 7 Dokumente:

2 Konnossemente
1 Versicherungspolice
1 Rechnungskopie
1 Ursprungszeugnis
1 Verladeschein
1 Analysezertifikat

Wir bitten Sie, diese Dokumente dem Empfänger, der Firma

Strandberg & Hveger
Princessegade 184

DK-1500 Kopenhagen

gegen Barbegleichung unserer Rechnung über

dkr. 18 000
(achtzehntausend Dänische Kronen)

auszuhändigen.

Bankrembours n commercial credit; rembours de banque; reembolso bancario
Inkasso n collection; encaissement; cobro

Erdnußkuchen m ground (pea) nut cake; tourteau d'arachides; torta oleaginosa de cacahuetes

Konnossement n bill of lading; connaissement; conocimiento de embarque
Versicherungspolice f marine insurance policy; police d'assurance maritime; póliza de seguro marítimo
Ursprungszeugnis n certificate of origin; certificat d'origine; certificado de origen
Verladeschein m mate's receipt; attestation d'embarquement; confirmación del embarque
Analysezertifikat n analysis certificate; certificat d'analyse; certificado de análisis

gegen Barbegleichung for cash payment; contre règlement comptant; contra pago al contado

135

Die Ware wird Anfang Juli mit dem Dampfer „Baltikum" in Kopenhagen eintreffen. Der Name des Schiffes steht weder auf dem Konnossement noch auf der Versicherungspolice; die Police erwähnt nur den Dampfer „Gambie". Das ist ein kleines Küstenschiff, das die Ware von unserer Zweigstelle in Ziguinchor nach Dakar übernommen hat, wo sie auf die „Baltikum" umgeladen worden ist. Da es sich um einen Durchfrachtbrief handelt, werden sich beim Empfang der Ware keine Schwierigkeiten ergeben.

Küstenschiff n coasting vessel; navire côtier; barco costero
Zweigstelle f branch; succursale; sucursal
umladen transship; transborder; transbordar
Durchfrachtbrief m through bill of lading; connaissement à forfait; conocimiento directo (à forfait)

Wenn Sie den Betrag unserer Forderung kassiert haben, bitten wir Sie, ihn — nach Abzug Ihrer Spesen — in französischen Franken auf unser Konto bei dem Crédit Lyonnais zu überweisen und uns gleichzeitig darüber zu benachrichtigen.

Forderung f claim; créance; crédito
nach Abzug after deducting; déduction faite; después de deducir
Spesen pl. expenses; frais; gastos
überweisen remit; virer; transferir

Im voraus vielen Dank für Ihre Bemühungen.

Mit freundlichen Grüßen

Société Coopérative
des Planteurs du Sénégal

7 Anlagen

93. Aufforderung zur Einlösung einer ungedeckten Tratte

Stuttgart, 10.10...

Luftpost

Herrn
Hamed Muhammad
P.O.B. 756

Colombo

Sri Lanka

Einlösung einer Tratte

Sehr geehrter Herr Muhammad,

wie uns die Mercantile Bank mit Brief vom 15.07... mitteilt, ist unsere Tratte 1705 über £ 709, fällig am 30.05... gegen Rechnung Nr. 14.324 und Bestellung 51/3302 nicht eingelöst worden.

Wir hatten Sie gebeten, sich dieser Sache sofort anzunehmen. Nach Auskunft unserer Bank haben Sie aber trotz wiederholter Aufforderung nicht gezahlt.

Wir erinnern Sie an unsere klaren Vereinbarungen. Eine Kopie fügen wir bei.

Wir bitten Sie noch einmal, unsere Tratte innerhalb von 10 Tagen nach Erhalt dieses Briefes einzulösen. Geschieht dies nicht, werden wir die Ware weiterverkaufen und Sie für den Schaden haftbar machen. Außerdem müßten wir Sie mit einer Reihe von Kosten wie Lagermiete, Verzugszinsen, Nachversicherung belasten.

---

ungedeckt uncovered; non provisionné; al descubierto
Tratte f draft; traite; giro
fällig due, payable; échéant; pagadero, vencido

sich einer Sache annehmen take a matter up, attend to a matter; s'occuper d'une affaire; hacerse cargo de un asunto
nach wiederholter Aufforderung having asked you repeatedly; mise en demeure répétée; despuésde requerimientos repetidos
Vereinbarung f agreement; accord; acuerdo
haftbar machen für hold s.o. liable for; rendre responsable de; hacer responsable por
Schaden m damage; préjudice; daño
Kosten pl. costs; frais; gastos
Lagermiete f warehouse rent; frais de magasinage; alquiler del almacén
Verzugszinsen m/pl. interest for default; intérêts moratoires; intereses por pago atrasado
Nachversicherung f additional insurance; assurance supplémentaire; seguro adicional
belasten debit; débiter; cargar

Wir danken Ihnen im voraus für eine jetzt zügige Erledigung.

Mit freundlichem Gruß

Heinrich Günther & Söhne

Erledigung f settlement; règlement; arreglo

(Auszug aus der Vereinbarung, die dem Brief vom 10.10..., Brief Nr. 93, beigefügt wird:)

Auszug m excerpt; extrait; resumen

Wir erklären uns bereit, Ihre Tratte anzunehmen und bei Fälligkeit einzulösen, ohne Rücksicht auf Beanstandungen aus der Sendung. Beanstandungen sollen einem Schiedsgericht unterbreitet werden.

Für den Fall, daß wir die Tratte bei Fälligkeit nicht einlösen, ermächtigen wir Sie oder Ihren Vertreter, die Ware durch Versteigerung, freihändig oder in einer sonst geeigneten Weise zu verkaufen – unter Angabe einer Frist von 10 Tagen. Wir erklären uns damit einverstanden, auf Verlangen, ohne Einrede, den durch einen solchen Verkauf entstandenen Schaden zu vergüten.

Fälligkeit f maturity; échéance; vencimiento

ohne Rücksicht auf regardless of; sans égard à; sin tener en cuenta

Beanstandung f objection; réclamation; reclamación

Schiedsgericht n arbitration; tribunal d'arbitrage; tribunal de arbitraje

ermächtigen authorize; autoriser; autorizar

Versteigerung f public auction; vente publique; subasta pública

freihändig by private contract; de gré à gré; de mano a mano

Frist f time limit; délai; plazo

Einrede f objection; objection; objeción

94. Versandanzeige und Trattenavis nach dem Orient

Düsseldorf, 25.10...

Firma
M. Ismar & Schekroun
Büyük Qeni Han 23

Istanbul

Türkei

Versandanzeige und Trattenavis
Ihr Brief vom 07.10...

Sehr geehrte Herren,

auftragsgemäß haben wir gestern in Hamburg mit der „Aderne", cif Istanbul, folgende Maschinen verschickt:

4 Bandsägen
2 Abrichthobelmaschinen

Hiermit erhalten Sie die Originalrechnung, die Zollrechnung und eine Abschrift der Konnossemente. Die Original-Konnossemente, die Versicherungspolice und eine Rechnungskopie werden Ihnen von der Banque de Salonique gleichzeitig mit unserer auf Sie gezogenen Zweimonatstratte übergeben.

Wir hoffen, daß unsere Maschinen wirkungsvoll zur Modernisierung Ihrer Anlagen beitragen.

Mit freundlichen Grüßen

Werkzeugmaschinenfabrik
Gremer & Schellbach

Anlagen

Versandanzeige f dispatch note; avis d'expédition; aviso de envío (od. despacho)
Trattenavis n advice of draft; avis de traite; aviso de letra

auftragsgemäß to order; conformément à la commande; según las instrucciones

Bandsäge f band saw; scie à ruban; sierra sin fin
Abrichthobelmaschine f surface planing machine; machine à dresser; máquina acepilladora
Zollrechnung f customs invoice; facture douanière; factura para la aduana
Konnossement n bill of lading; connaissement; conocimiento de embarque
Versicherungspolice f marine insurance policy; police d'assurance maritime; póliza de seguro marítimo

95. Eröffnung eines ungedeckten Ausfuhrkredits

Hamburg, 10.11...

Firma Marlowe & Johnson
35, Station Road

Freetown

Sierra Leone

Ausfuhrkredit
Ihr Brief vom 02.10...

Sehr geehrte Damen und Herren,

wir danken Ihnen für Ihre schnelle Antwort auf unseren Brief vom 26.09... und erklären uns bereit, Ihnen den gewünschten ungedeckten Kredit von

£ 1000,00
(tausend englische Pfund)

einzuräumen. Sie erhalten also die erste der vereinbarten Lieferungen in Höhe des Gesamtbetrages, ohne daß wir einen Wechsel auf Sie ziehen.

Der Zinssatz bei diesem Geschäft, das wir allein auf Treu und Glauben mit Ihnen abwickeln, beträgt 9,75 %.

Als Gegenleistung für unser Entgegenkommen versuchen Sie, wie abgesprochen, die Erzeugnisse der Ihnen bekannten Pflanzer aufzukaufen, vor allem Palmkern. Sie liefern uns monatlich mindestens 100 t Kerne kommissionsweise, worauf wir Ihnen gegen Dokumente hier 75 % des Wertes vorschießen werden.

Ein Gütezeugnis ist der Bank in Freetown mit Dokumenten vorzulegen. Die-

ungedeckter Kredit open credit; découvert; crédito sin cubrimiento

einen Wechsel ziehen draw a bill; tirer une traite; girar una letra
Zinssatz m rate of interest; taux d'intérêt; tipo de interés
auf Treu und Glauben in good faith; de bonne foi; de buena fe
Gegenleistung f return; contre-partie; compensación
Entgegenkommen n concession; concession; consideración
Pflanzer m planter; planteur; plantador
Palmkern m palm-nut; noix de palme; palmiste
kommissionsweise on consignment; en commission; en comisión
vorschießen advance; avancer; adelantar
Gütezeugnis n certificate of (good) quality; certificat de (bonne) qualité; certificado de (buena) calidad

140

ses Dokument ist zu unterschreiben
von Ihnen, von unserem Mittelsmann,
den wir noch nennen werden, und von
dem zuständigen Mitarbeiter der
Bank, der die Ware vor dem Versand
besichtigen wird.

Wir freuen uns auf eine angenehme
Geschäftsverbindung.

zuständiger Mitarbeiter employee in charge; employé
(compétent); empleado
competente
besichtigen examine; examiner; examinar

Mit besten Grüßen

Kardorf & Winter

96. Weisungen an einen Bevollmächtigten wegen eines Konkurses im Ausland

Köln, 14.05...

Herrn Léon Gauthier
Agréé
5, rue de Fives

F-5900 Lille

Konkurs Chasseron & Cie., Lille
Ihr Brief vom 11.05...

Bevollmächtigter m authorized agent; mandataire;
apoderado
Konkurs m bankruptcy;
faillite; quiebra
Forderung f claim; créance;
crédito

Sehr geehrter Herr Gauthier,

außer unserer Forderung von 1 475 DM,
um deren Einzug wir Sie schon baten,
schuldet uns die Firma laut beigefügter Rechnung weitere Beträge. Wir
bitten Sie, unsere Gesamtforderung
von

Einzug m recovering; recouvrement; cobro

Betrag m amount; montant; importe
Gesamtforderung f total
claim; créance totale;
exigencia total

FF 204 200,—

zur Konkursmasse anzumelden.

Damit Sie uns vertreten können, fügen wir eine Vollmacht bei. Sie sind

Konkursmasse f bankrupt's
estate, assets; masse de
la faillite; masa de quiebra
Vollmacht f power of attorney; procuration; poder

141

dadurch auch ermächtigt, Erlöse aus dem Konkurs für uns in Empfang zu nehmen. Bitte rechnen Sie dann mit uns ab.

Erlöse m/pl. proceeds; produits; productos

Mit freundlichem Gruß

Schmitz & Co.

2 Anlagen

97. Begleitschreiben zu einem Kreditbrief

Berlin, 04.04...

Crédit Lyonnais
23, rue Anatole France

F-69001 Lyon

Begleitschreiben n accompanying letter; lettre d'accompagnement; escrito acompañante
Kreditbrief m letter of credit; lettre de crédit, accréditif; carta de crédito

Kreditbrief 228407 für Herrn Wünscher

Sehr geehrte Damen und Herren,

wir haben heute für Herrn Friedrich Wünscher den Kreditbrief 228407 über FF 400 000 ausgestellt. Herr Wünscher ist Ingenieur bei unserem Kunden Dietel & Bremer, Pumpenfabrik Berlin-Spandau.

ausstellen issue; émettre; extender
Ingenieur m engineer; ingénieur; ingeniero
Pumpenfabrik f pump factory; fabrique de pompes; fábrica de bombas

Herr Wünscher wird mit zwei anderen Angestellten zur Messe nach Lyon fahren, um dort einen Stand einzurichten und den Verkauf der ausgestellten Erzeugnisse seiner Firma leiten.

einen Stand einrichten put up a stand; installer un stand; instalar un puesto
ausgestellte Erzeugnisse n/pl. products on exhibition; produits exposés; productos expuestos

Wir bitten Sie, Herrn Wünscher Beträge bis zur Summe des Kreditbriefes gegen Quittung (2fach) auszu-

gegen Quittung against receipt; contre quittance, sur reçu; contra recibo händigen und uns jeweils ein Quittungsexemplar zu senden.

Über jeden gezahlten Vorschuß zuzüglich Spesen und Gebühren ziehen Sie bitte auf uns eine Sichttratte.

Auf dem beigefügten Zettel finden Sie Herrn Wünschers Unterschrift.

Wir wären Ihnen dankbar, wenn Sie Herrn Wünscher freundlich empfangen und aufnehmen könnten.

Mit besten Grüßen

American Express Co.

Anlage

Vorschuß m advance payment; avance; adelanto
Spesen pl. expenses; frais; gastos
Gebühren f/pl. fees; frais; derechos
Sichttratte f sight draft; traite à vue; letra a la vista
Zettel m slip; bulletin; hoja
Unterschrift f signature; signature; firma

98. Empfehlungsbrief

Dortmund, 05.08. . .

Banque Générale
pour le Commerce étranger
56, rue Charles-Quint

F-75001 Paris

Empfehlungsbrief

Sehr geehrte Damen und Herren,

in Anbetracht unserer langen angenehmen Geschäftsverbindung bitten wir Sie, unseren Mitarbeiter, Herrn Karl Olbrich, mit Rat und Tat zu unterstützen.

Herr Olbrich wird in der nächsten Woche nach Paris fahren, um mit dem

Empfehlungsbrief m letter of introduction; lettre de recommandation; carta de recommendación
in Anbetracht in consideration of; étant donné; teniendo en cuenta
Geschäftsverbindung f business relations; relations commerciales; relaciones comerciales
Mitarbeiter m staff member, colleague; collaborateur; colaborador
mit Rat und Tat by word and deed; par tous les moyens; con consejo y ayuda

Aufbau einer Verkaufsorganisation für unsere elektronischen Schreibmaschinen in Frankreich zu beginnen.

Herr Olbrich — der als Ingenieur an der Entwicklung unserer neuen Elektronikmaschinen wesentlich beteiligt ist — soll in Frankreich fünf oder sechs Bezirksvertreter einstellen, die in der Lage sind, unsere Maschinen schnell einzuführen. Es kommt uns natürlich darauf an, tüchtige und vor allem auch zuverlässige Firmen dafür zu gewinnen, und wir hoffen, daß Sie unserem Mitarbeiter mit Ihrer großen Erfahrung und Ihren vielfältigen Verbindungen eine wertvolle Hilfe sein werden.

Im voraus herzlichen Dank, daß Sie Herrn Olbrich nach besten Kräften in seiner Arbeit unterstützen!

Mit freundlichen Grüßen

Heller & Schönert

Aufbau m establishment; établissement; establecimiento
Verkaufsorganisation f sales organization; organisation de vente; organización de venta
elektronische Schreibmaschine electronic typewriter; machine à écrire électronique; máquina de escribir electrónica
Entwicklung f development; réalisation; desarrollo
Bezirksvertreter m regional representative; représentant régional; representante de distrito
einstellen hire; engager; contratar
einführen introduce; lancer; introducir
tüchtig efficient; solide; eficiente, activo
zuverlässig reliable; digne de confiance; seguro, de confianza

99. Bewerbung (99) um eine Stellung als kaufmännischer Leiter, mit Lebenslauf (100)

Berlin, 27.09...

Technochimie
Personalleitung
26, boulevard Raspail

F-75003 Paris

Bewerbung als kaufmännischer Leiter

Sehr geehrte Herren,

aufgrund Ihrer Anzeige im „Figaro"

Bewerbung f application; offre de services; solicitud de empleo

vom 25. September bewerbe ich mich um die Stellung als

kaufmännischer Leiter
der Auslandsabteilung.

Wie mein Lebenslauf zeigt, habe ich die notwendige Berufserfahrung. Aus meinen Zeugnissen ersehen Sie, wie meine Kenntnisse, meine Leistung und mein Sozialverhalten beurteilt werden. Die Zeugnisaussteller sind auch gern bereit, weitere Auskünfte über mich zu geben.

Ich bin in ungekündigter Stellung tätig und könnte Ihre Aufgabe am 01.01... übernehmen. Mein jetziger Arbeitgeber ist über meine Bewerbung informiert. Ich strebe deshalb einen Wechsel an, weil ich in meinem gegenwärtigen Arbeitsbereich in absehbarer Zeit keine Aufstiegsmöglichkeiten habe.

Wann darf ich Sie zu einem persönlichen Gespräch aufsuchen?

Ich danke Ihnen für Ihre Aufmerksamkeit.

Mit freundlichem Gruß

Hans Hoffmann

Anlagen

LEBENSLAUF

Zur Person
Name: Hans Hoffmann
Geburtstag,
Geburtsort: 06.05..., Berlin
Familienstand: verheiratet, 2 Kinder
Wohnort: Rankestraße, D-10789 Berlin
Telefon: (0 30) 32 16 58

Ausbildung

19.. - 19..   Grundschule, Berlin
19.. - 19..   Schiller-Gymnasium, Berlin
                         Abschluß: Abitur

19.. - 19..   Studium der Betriebswirtschafts-
                         lehre in Berlin und Köln, Examen als
                         Diplom-Kaufmann, Gesamtnote: „gut".

19.. - 19..   Gasthörer an der Sorbonne, Paris
19.. - 19..   Sprachstudium, Cambridge

Berufspraxis

19.. - 19..   Fábrica de Productos Fotográficos
                         SA in Bilbao (Spanien), Dolmetscher
                         für Deutsch, Französisch, Spanisch,
                         Englisch

19.. - 19..   Chemika AG, Köln, Assistent in der
                         Revisionsabteilung

19.. - 19..   Pharma AG, Berlin, Leiter der Buch-
                         haltung

Besonderheiten   Wissenschaftlicher Mitarbeiter im
                         Verlag Langenscheidt KG, Berlin und
                         München;

Mitarbeiter an den „Wirtschafts-
briefen", Verlag Impex, Stuttgart;

Autor folgender Arbeiten:

19.. „Das Problem der Kostenrechnung",
Gabler, Wiesbaden

19.. „Betrieb und Steuer", Bibliographi-
sches Institut, Mannheim

19.. „Der Produktionsprozeß in der chemischen Industrie", verlag moderne
industrie, München

Sprachen perfekt in Wort und
Schrift: Englisch, Französisch,
Spanisch

(Hans Hoffmann)

Lebenslauf m curriculum vitae; curriculum vitae; curriculum vitae
Ausbildung f education; études; estudios
Abschluß m completion; diplôme; certificado, diploma
Betriebswirtschaftslehre f business administration; sciences économiques (gestion des entre-
prises); ciencia de administración industrial
Gasthörer m auditor; auditeur libre; oyente
Dolmetscher m interpreter; interprète; intérprete
Revisionsabteilung f auditing department; service de vérification des comptes; departamento
de auditoría
Buchhaltung f accounting department; service de la comptabilité; contabilidad
wissenschaftlicher Mitarbeiter special consultant; collaborateur pour la langue technique;
colaborador científico
perfekt in Wort und Schrift perfect in written and spoken ...; parlé, écrit, lu; perfecto
hablado y escrito

Abkürzungen

Einige der folgenden Abkürzungen gelten in der modernen Geschäftskorrespondenz als veraltet. Da diese Abkürzungen jedoch in manchen Firmen noch verwendet werden, sind sie hier aufgeführt worden.

à	*für, je, zum Preis von* at (a price of; au prix de; al precio de	*Betr.*	*Betreff* re, subject; objet; asunto
a.	*am (Main)* on (the Main); sur (le Mein); del (Meno)	*bez.*	*bezahlt* paid; payé; pagado — *bezüglich* with reference to; concernant; referente a
a.a.O.	*am angeführten Ort* in the place cited; à l'endroit cité; en el lugar citado	*Bez.*	*Bezirk* district; district; distrito
Abs.	*Absatz* paragraph; paragraphe; párrafo — *Absender* sender; expéditeur; remitente	*bfn.*	*brutto für netto* gross for net; brut pour net; bruto por neto
		BGB	*Bürgerliches Gesetzbuch* German Civil Code; Code civile allemand; Código civil alemán
Abschn.	*Abschnitt* section; section; sección	*Bhf.*	*Bahnhof* (railway) station; gare; estación
Abt.	*Abteilung* department; département; departamento		
a c.	*a conto, auf Abschlag* on account; à compte; a cuenta	*BRT*	*Bruttoregistertonne* gross register ton; tonneau de jauge brut; tonelada de registro bruto
a.d.	*an der (Donau)* on (the Danube); sur (le Danube); del (Danubio)	*b.w.*	*bitte wenden* please turn over; tournez, s'il vous plaît; al dorso
Adr.	*Adresse* address; adresse; dirección	*bz.*	*bezahlt (Kurszettel)* paid; payé; pagado
a.G.	*auf Gegenseitigkeit* on mutual agreement, on the basis of reciprocity; mutuelle, réciproque; mutuo	*bzw.*	*beziehungsweise* respectively; respectivement; respectivamente
		ca.	*zirka, etwa* circa, about; environ; unos
AG	*Aktiengesellschaft* (public) limited company, (stock) corporation; société anonyme; sociedad anónima	*cf*	*cost and freight, Verladekosten und Fracht*
		cif	*cost, insurance, freight, Verladekosten, Versicherung, Fracht*
AK	*Aktienkapital* share capital, stock capital; fonds social; capital social	*Co.*	*Kompagnon* partner, associate; associé; socio — *Kompanie* company; compagnie; compañia
angen.	*angenommen* accepted, honoured; accepté; aceptado		
Anl.	*Anlage(n)* enclosure(s); annexe; anejo	*DB*	*Deutsche Bundesbahn — Deutsche Bundesbank*
Antw.	*Antwort* answer; réponse; respuesta	*DBP*	*Deutsches Bundespatent* German federal patent; brevet fédéral allemand; patente federala alemana
Art.	*Artikel* article; article; artículo		
a.v.	*a vista, auf Sicht* at sight; à vue; a vista	*desgl.*	*desgleichen* the like; de même; idem
a.Z.	*auf Zeit* on credit, on account; à terme; a plazo	*dgl.*	*dergleichen* the like; tel, pareil; tal, semejante, análogo
Az, AZ	*Aktenzeichen* file number; numéro du dossier; número de registro	*d.h.*	*das heißt* that is (i.e.); c'est-à-dire; es decir, o sea
b.	*bei (Berlin)* near (Berlin); près de (Berlin); cerca de (Berlin)	*d.i.*	*das ist* that is (i.e.); c'est-à-dire; es decir, o sea
B	*Brief (Kurszettel)* sellers; offre; oferta	*DIN*	*Deutsche Industrie-Norm* German industrial standard(s); norme de l'industrie allemande; norma industrial alemana
Bd.	*Band* volume; tome; tomo		
beil.	*beiliegend* enclosed; ci-joint; adjunto	*d.J.*	*dieses Jahres* of this year; de

149

	l'année; del corriente año
DM	Deutsche Mark (German) mark; mark allemand; marco (alemán)
d.M.	dieses Monats of this month; (du mois) courant; de este mes
do.	dito, dasselbe ditto; la même chose; idem
Dtz(d).	Dutzend dozen; douzaine; docena
EC	Eurocheque
EDV	Elektronische Datenverarbeitung electronic data processing; traitement électronique; proceso electrónico de datos
EG	Europäische Gemeinschaft European Community; Communauté Européenne; Comunidad Europea
entspr.	entsprechend corresponding; conformément; correspondiente
erg.	ergänze supply, add; complétez; complétese
e.V.	eingetragener Verein registered association; société enregistrée; asociación registrada
evtl.	eventuell, vielleicht perhaps; éventuellement; eventualmente
exkl.	exklusive, ausschließlich exclusively; exclusivement; ex-cluído
Expl.	Exemplar sample, copy; exemplaire; ejemplar
f.	folgende (Seite) following page; page suivante; página siguiente — für for; pour; para
Fa.	Firma Messrs.; Messieurs; Señores
ff.	folgende Seiten following pages; les pages suivantes; las páginas siguientes
fob	free on board, frei an Bord
fr.	frei free; franco; franco
Fr.	Frau Mrs., Madame; Señora
frdl.	freundlich kind; aimable; amable
Frl.	Fräulein Miss; Mademoiselle; Señorita
Forts.	Fortsetzung continuation; suite; continuación
G	Geld (Kurszettel) buyers; demandes; demandas
Gbhf.	Güterbahnhof goods station; gare de marchandises; estación de mercancías
Gebr.	Gebrüder Brothers; Frères; Hermanos
gegr.	gegründet founded; fondé; fundado
Gew.	Gewicht weight; poids; peso
gez.	gezeichnet signed; signé; firmado
ggf.	gegebenenfalls if necessary; le cas échéant; dado el caso
GmbH	Gesellschaft mit beschränkter Haftung private limited company; société à responsabilité limitée; sociedad de responsabilidad limitada
Hdlg.	Handlung store, shop; maison de commerce; casa de comercio
HGB	Handelsgesetzbuch Commercial Code; Code de commerce; Código mercantil
Hr(n).	Herr(n) Mister; Monsieur; Señor
i. A.	im Auftrag for, by order; par ordre, par autorisation; por orden
i. allg.	im allgemeinen in general; en général; en general
i. H. v.	in Höhe von amounting to; se montant à; por valor de
i. J.	im Jahr in (the year); dans l'année, en (l'an); en (el año)
Inh.	Inhaber proprietor; propriétaire; propietario
inkl.	inklusive, einschließlich including; inclus; inclusive
i. V.	in Vertretung by order of; par délégation; por autorización
i. W.	in Worten in letters; en toutes lettres; en letras
jr., Jr.	Junior, der Jüngere junior; fils; hijo
Kat.	Katalog catalogue; catalogue; catálogo
Kfm.	Kaufmann merchant; marchand; comerciante
Kfz.	Kraftfahrzeug motor vehicle; véhicule à moteur; vehículo de motor
KG	Kommanditgesellschaft limited partnership; société en commandite; sociedad comanditaria
Kl.	Klasse class; classe; clase
Konn.	Konnossement bill of lading; connaissement; conocimiento
Kt(o).	Konto account; compte; cuenta
lfd.	laufend current; courant; corriente
Lfzt.	Lieferzeit time of/for delivery; délai de livraison; plazo de entrega
Lkw, LKW	Lastkraftwagen lorry, truck; camion; camión
Lfg.	Lieferung delivery; livraison; entrega
lt.	laut according to; conformément à; según
LZB	Landeszentralbank State Bank; Banque centrale provinciale; Banco de Estado
m. A.	mangels Annahme for non-acceptance; faute d'acceptation; por falta de aceptación
m. A. n.	meiner Ansicht nach in my opinion; à mon avis; según mi opinión

150

m. a. W.	mit anderen Worten in other words; en d'autres mots; en otras palabras
m. E.	meines Erachtens in my opinion; à mon avis; según mi opinión
Mia.	Milliarde(n) milliard(s); milliard(s); mil millone(s)
Mill.	Million(en) million(s); million(s); millon(s)
Mio.	Million(en) million(s); million(s); millon(s)
Mod.	Modell model, specimen; modèle; modelo
Mrd.	Milliarde(n) milliard(s); milliard(s); mil millone(s)
MS	Motorschiff motor ship; bateau à moteur; motonave
m. W.	meines Wissens as far as I know; à ma connaissance; a mi saber
MwSt.	Mehrwertsteuer value-added tax; taxe sur la valeur ajoutée; impuesto de plusvalía
m. Z.	mangels Zahlung in default of payment; faute de paiement; por falta de pago
Nachf.	Nachfolger successor; successeur; sucesor
n. J.	nächsten Jahres of next year; de l'année prochaine; del año próximo
n. M.	nächsten Monats of next month; du mois prochain; del mes próximo
Nr.	Nummer number; numéro; número
od.	oder or; ou; o
OHG	Offene Handelsgesellschaft ordinary partnership; société en nom collectif; sociedad colectiva
Ord.	Order order; ordre; orden
o. u. O.	ohne unser Obligo without our responsibility, liability; sans aucune garanti ni responsabilité de notre part; sin compromiso de nuestra parte
p. A(dr).	per Adresse, bei care of (c/o.); chez, aux bons soins de; en casa de
Pat.	Patent patent; brevet; patente
Pf.	Pfennig pfennig; pfennig; pfennig
Pfd.	Pfund pound; livre; libra
Pkt.	Paket package, parcel; paquet, colis; paquete — Punkt point; point; punto
Pkw, PKW	Personenkraftwagen (motor) car; voiture de voyageurs; automóvil
PLZ	Postleitzahl postal code; code postal; cifra postal directriz
pp (a).	per procura, in Vollmacht by proxy; par procuration; per procura; por poder
PSchA	Postscheckamt postal cheque office; bureau de chéques postaux; departamento de cheques postales
R.	Rechnung invoice; facture; factura
Rab.	Rabatt discount; rabais; rebaja
rd.	rund roughly; en nombre rond; en números redondos
s.	siehe see; voir, voyez; véase
S.	Seite page; page; página
s. a.	siehe auch see also; voir, voyez aussi; véase también
Sa.	Summa sum, total; somme totale; en total
Sdg.	Sendung consignment, shipment; envoi; remesa
s. o.	siehe oben see above; voir plus haut; véase más arriba
sog.	sogenannt so-called; dit; llamado
St.	Stück piece(s); pièce(s); pieza(s)
sr., Sr.	Senior, der Ältere senior; aîné; padre
s. u.	siehe unten see below; voir plus bas; véase más abajo
s. Z(t).	seinerzeit at that time; jadis; en su día
Tgb.-Nr.	Tagebuch-Nummer journal number; numéro du journal; número del diario
Tsd.	Tausend thousand; mille; mil
u.	und and; et; y
u. a.	und andere(s) and others; et d'autres encore; y otro(s) — unter anderem among other things; entre autres; entre otras cosas
u. ä.	und ähnliches and the like; et d'autres semblables; y cosas semejantes
u. a. m.	und andere(s) mehr and the like; et d'autres encore; y otros más
u. dgl.	und dergleichen and the like; et autres choses semblables; y otros más
u. E.	unseres Erachtens in our opinion; à notre avis; a nuestro parecer
usf.	und so fort and so forth; et ainsi de suite; y así sucesivamente
usw.	und so weiter and so on; et ainsi de suite; etcétera
u. U.	unter Umständen circumstances permitting; selons les circonstances; tal vez
u. ü. V.	unter dem üblichen Vorbehalt with the usual reservations; sous les réserves d'usage; salvo buen fin
u. W.	unseres Wissens as far as we

	know; à notre connaissance; a nuestro saber
v.	*von* of, from, by; de; de
Val.	*Valuta, Wert* value; valeur; valor
vgl.	*vergleiche* confer; conférez; véase
v. H.	*vom Hundert* per cent; pour cent; por ciento
v. J.	*vorigen Jahres* of last year; de l'année dernière; del año pasado
v. M.	*vorigen Monats* of last month; du mois dernier; del mes pasado
vorm.	*vormals* formerly; autrefois; antes
Vors.	*Vorsitzender* chairman; président; presidente

v. T.	*vom Tausend* per thousand; pour mille; por mil
z.B.	*zum Beispiel* for example; par exemple; por ejemplo
z. H.	*zu Händen* attention of, care of; à l'attention de; para entregar a
z. T.	*zum Teil* partly; en partie; en parte
Ztr.	*Zentner* (metric) hundredweight; 50 kg; quintal
zus.	*zusammen* together; ensemble; junto
zw.	*zwischen* between, among; entre, parmi; entre
z. Z.	*zur Zeit* at present; à présent; actualmente
zzgl.	*zuzüglich* plus; plus; más

Muster für die äußere Form des Geschäftsbriefs

1 Zweiseitiger Brief ohne Bezugszeichenzeile

Wolfgang Manekeller

Telefon (0 22 04) 6 39 67

W. Manekeller, An der Wallburg 28, 51427 Berg. Gladbach   Kreissparkasse Köln 313 006 212, BLZ 373 502 13

Eilboten   05.03...

ABC-Versicherung AG
Abteilung Weiterbildung
Herrn Klaus Brehmer
Postfach 00 00 00

CH-8000 Zürich

Korrespondenzseminare in Ihrem Haus
Ihre Anfrage vom 28.02... b-s

Sehr geehrter Herr Brehmer,

ich danke Ihnen für Ihren ausführlichen Brief und biete Ihnen folgende Seminare an:

1. Formulieren

    Es geht hauptsächlich um das Formulieren von Geschäftsbriefen in Ihrem Bereich K 3. Teilnehmer sind alle Sachbearbeiterinnen und Sachbearbeiter mit ihren Abteilungsleitern.

    Teilnehmerzahl: 15 - 20. Seminardauer: 2 Tage.

2. Diktieren

    Das rationelle Phonodiktat soll dadurch gefördert werden, daß eine eindeutige, einheitliche Diktatsprache erläutert und eingeübt wird. Teilnehmer sind alle diktierenden und schreibenden Mitarbeiterinnen und Mitarbeiter.

    Teilnehmerzahl: 15 - 20. Seminardauer: 1 Tag.

3. Rechtschreibung, Zeichensetzung, Wort- und Satzkunde

    Das Seminar soll die Kenntnisse auffrischen, erweitern und festigen. Teilnehmer: alle Schreibkräfte. Die Teilnehmer sollen durch das Seminar vor allem lernen, mit dem Duden-Regelteil schnell und sicher umzugehen.

    Teilnehmerzahl: 15 - 20. Seminardauer: 3 Tage.

Ausführliche Hinweise zur Vorbereitung und Vorgehensweise finden Sie in den beigefügten Informationsunterlagen 1 und 2.

Zum Thema "Formulieren" wollten Sie als Anregung für Ihre Einladungsgestaltung eine Gliederung in Stichworten haben. Unter einem Titel wie

    Der ABC-Brief: sachgerecht, überzeugend, rationell

sollten nach einem einleitenden Referat über Sinn und Ziel der Korrespondenzreform folgende Einzelheiten behandelt werden:

...

Wolfgang Manekeller

W. Manekeller, An der Wallburg 28, 51427 Berg. Gladbach

Telefon (0 22 04) 6 39 67

Kreissparkasse Köln 313 006 212, BLZ 373 502 13

- 2 -

1	<u>Auf den Inhalt kommt es an</u>
1.1	Sorgfältige Sachbearbeitung - Voraussetzung für den Korrespondenz-erfolg
1.2	Haltbare Gedankengänge bauen!
1.3	Übereinstimmung zwischen Informationsabsicht und Text
2	<u>Die Darstellung ist mehr als Verpackung</u>
2.1	Erleichtern Sie die Verständigung!
2.2	Normen als Helfer
2.3	Vorteile zeigen, Negatives erträglich machen!
3	<u>Aufwand und Nutzen</u>
3.1	Verzichten Sie auf Floskeln!
3.2	Vermeiden Sie Wiederholungen!
3.3	Ersetzen Sie aufwendiges Papierdeutsch durch klares, natürliches Gesprächsdeutsch!

Die Honorargestaltung haben wir telefonisch bereits besprochen. Die Angaben in Anlage 3 stimmen mit dem Inhalt unseres Gesprächs überein.

Auf gute Zusammenarbeit!

Freundliche Grüße
aus Bergisch Gladbach

Anlagen 1, 2, 3
20 Referenzbriefe
Literaturhinweise

(Unterschrift)

154

2 Brief ohne Bezugszeichenzeile

Langenscheidt L

Langenscheidt KG   Postfach 40 11 20   80711 München

Handelsschule "Merkur"
Frau W. Haberer
Favoritenstr. 48

A-1100 Wien

Langenscheidt KG
Postfach 40 11 20
80711 München
Adresse (auch Eilbriefe/Pakete):
Neusser Straße 3 · 80807 München
Telefon (0 89) 3 60 96-0
Telefax Allgemeines   (0 89) 3 60 96-2 22
Telefax Bestellungen (0 89) 3 60 96-2 58

Berlin
München
Berchtesgaden
Wien
Zürich
New York

Durchwahl (0 89)3 60 96-   Datum: 12.12...

Ihre Anfrage vom 10.12...

Sehr geehrte Frau Haberer,

wir danken Ihnen für das Interesse, das Sie unserer Reihe "100 Briefe
für Export und Import" entgegenbringen.

In dieser Reihe sind erschienen:

	Best.-Nr.
100 Briefe Deutsch	41111
100 Briefe Englisch	41120
100 Briefe Französisch	41152
100 Briefe Italienisch	41181
100 Briefe Spanisch	41341

Wir möchten Sie auch auf folgenden Titel aus dem Humboldt-Taschenbuch-
verlag hinweisen:

So schreibt man Geschäftsbriefe! ht 229

Wir meinen, daß diese Titel für Ihre Arbeit geeignet sind.

Ihre Bestellung erbitten wir über den Buchhandel.

Mit freundlichen Grüßen

LANGENSCHEIDT-VERLAG
- Zentralvertrieb -

(Unterschrift)

Anlage: Verlagsverzeichnis

Deutsche Bank AG, Berlin
BLZ 100 700 00, Konto-Nr. 0 210 740
Deutsche Bank AG, München
BLZ 700 700 10, Konto-Nr. 1921 162
Postgiroamt München
BLZ 700 100 80, Konto-Nr. 955 90-806

3 Brief mit Bezugszeichenzeile

Bünzlin & Geiger
Pharmazeutika
Wasserwerksgasse 9

CH-3000 Bern

Ihre Nachricht/Ihre Zeichen	Unsere Zeichen	Durchwahl Nr. (0203)	
15.08...tz-k	w/b	3456-789	Duisburg, 10.09...

Zahlungsaufschub

Sehr geehrte Damen und Herren,

leider sind wir nicht in der Lage, den Gesamtbetrag Ihrer Rechnung vom 15.08...
auf einmal zu zahlen.

Wir bitten Sie, sich mit folgenden Ratenzahlungen einverstanden zu erklären:

     1. Rate am 15.09.19..   400 sfr
     2. Rate am 15.10.19..   350 sfr
     3. Rate am 15.11.19..   300 sfr

Wir sind sicher, diese Ratenverpflichtungen pünktlich einhalten zu können.
Für Ihr Einverständnis wären wir Ihnen dankbar.

Mit freundlichen Grüßen

C. Meyer & Co.

(Unterschrift)

4 Briefumschlag

Luftpost

Compagnie du Riz
18, rue d'Isly

Bangkok

Thailand

5 Fensterbriefumschlag

Langenscheidt KG   Postfach 40 11 20   80711 München

James C. Briggs & Co.
202 Stoke Lane

Bristol BS9 3RU

Great Britain

Alphabetisches Sachregister

Die Tilde ~ steht für das halbfette Stichwort. Die Ziffern geben die Seitenzahl an.